登泰山 览天下

因为一本书,爱上一座城……

《登泰山 览天下》编委会

山东友谊出版社

《山东城市特色文化丛书》编委会

主　　任	魏长民
委　　员	丁绍敏　袁罡　李善伟　刘斌　盛利　李红梅
主　　办	山东省人民政府新闻办公室
承　　办	中国山东网

《登泰山　览天下》编辑委员会

主　　任	刘洪海
副 主 任	吕怀玉　边永彬
策　　划	张承国　吉东升
主　　办	中共泰安市委宣传部
协　　办	泰安市人民政府新闻办公室
主　　编	李红梅
副 主 编	徐茸
主创团队	张敏敏　徐从芬　马文文　刘自锐　毕冉
摄　　影	图片除署名外均由泰安市摄影家协会提供

View the World from Lofty Mount Tai

登泰山　览天下

序言
Preface

登泰山 览天下

因为一本书,爱上一座城。

岱宗夫如何?齐鲁青未了。
造化钟神秀,阴阳割昏晓。
荡胸生曾云,决眦入归鸟。
会当凌绝顶,一览众山小。

一千多年前,"诗圣"杜甫写下了这首《望岳》,将泰山的雄伟磅礴描绘得淋漓尽致。千百年来,无数人登临泰山,抒发卓然独立、兼济天下的豪情壮志。

泰山，又名岱宗、岱山、岱岳、东岳，最早见于《诗经》："泰山岩岩，鲁邦所詹"。位于山东省中部，主峰玉皇顶海拔1545米，气势雄伟磅礴，有"群山之长""五岳之首""五岳独尊""天下第一山"之称，是世界文化与自然双遗产、世界地质公园。

"泰山安则四海皆安"，泰安因泰山而得名，寓"国泰民安"之意。这座城位于泰山脚下，依山而建，山城一体。

泰安的史迹几乎与人类历史同步，新泰乌珠台发现的少女智齿化石表明，约五万年前这里就有人类在此繁衍生息；泰安城南大汶河畔的大汶口遗址，是大汶口文化的发现地和命名地，中华民族的发祥地之一。

文化，是一个民族的血脉，积淀着最深沉的精神追求。在历史的长河中，历代帝王到泰山封禅祭祀，留下了数不清的故事，形成了独特的封禅文化；泰安祠庙林立，儒家文化与佛、道两教在泰山融合发展，形成了三教合一的宗教文化。众多诗人赞美泰山，留下了数以万计的瑰丽诗篇。泰山上的1239块碑碣、1800余处摩崖刻石，具有重要的历史文化价值，成就了泰山"中国书法第一山"的美誉。

泰安历史悠久，文化遗存丰富，历史遗迹保护较好，自然风光雄伟壮丽，具有重要的历史、科学、艺术价值，是"国家历史文化名城"。春秋时期的"和圣"柳下惠、"商圣"范蠡、中国史学的开山鼻祖左丘明，东汉的"文章之圣"刘桢，唐朝的"竹溪六逸"，宋朝的"儿科之圣"钱乙，《三国演义》作者罗贯中等名人先贤，都曾在此留下遗迹。泰山皮影、山东梆子、泰山石敢当、泰山东岳庙会、泰山石刻、泰山传说……这些非物质文化遗产作为泰安的"活态文化基因"，让历史离我们并不遥远。

逐梦之旅无坦途，破浪前行须奋进。近年来，泰安经济社会发展步伐不断加快，勤劳智慧的泰安人民不忘初心，砥砺前行，为加快建设富裕文明幸福新泰安而努力奋斗。越来越多的人来这里旅游、工作乃至定居。古老的泰山与现代化的城市形成了古与新的和谐统一，以其博大胸怀接纳八方来客，也以开放的心态走出去，向世人展示自己。

《登泰山 览天下》就是在这样的背景下应运而生。篇幅虽然短小，却丰硕饱满。这本书通过文字和图片，将泰安的一段故事、一处遗迹、一抹美丽、一段回忆凝固下来，形成另外一种存在和延续。不管对泰安是否熟悉，当你读到这本书的时候，可以在里面找到自己所需，与自己产生共鸣。

打开这本书,你会发现泰山有那么多故事和不为人知的美,原来泰山脚下也非常精彩。你会认识"诗仙"李白隐居的徂徕山,闻到徂徕书院的千年书香,造访"小桥流水人家"的上泉村古村落,欣赏拥有"水天美景"的戴村坝,穿越到五千多年前的原始部落。清清白白的泰山三美,全是文化味儿的东平粥,"无鸡不成席"的新泰炒鸡,传承千年的泰山豆腐宴,让你品味到舌尖上的泰安。

《登泰山 览天下》可以是一本旅游者指南,它提供了衣食住行、娱乐休闲、美食特产的最佳去处;可以是一本历史地理类书籍,它详细记载了泰安的寺庙祠堂、山川风物、名胜古迹;可以是一本文化类书籍,它生动描述了泰安的风俗民情、文化遗产、名人轶事等。这本书将一座城市从过去到现在,由时间到空间一一解读,是一本好看、好玩、可读、乐藏的读物。

有人说,爱上一座城是因为城里住着某个人。而有时候,爱上一座城,或许只是因为这座城的一缕温暖阳光、一道生动风景、一段动人故事。希望通过这本书,揭开泰安的面纱,让更多人了解并喜欢这座城市。希望更多的人,因为这本书,认识多彩泰安,登临醉美泰山!

柳下惠

柳下惠与后门者同衣而不见疑,非一日之闻也。
——《荀子·大略》

鲍叔牙

鲍叔既进管仲，以身下之。子孙世禄于齐，有封邑者十余世，常为名大夫。天下不多管仲之贤而多鲍叔能知人也。

——《史记·管晏列传》

其所善者，吾则行之，
其所恶者，吾则改之，
是吾师也，若之何毁之？
——《左氏春秋·襄公三十一年》

左丘明

程咬金

李世民评价程咬金：志怀锐颖，气干强果，业预艰难，效宣行阵。入司禁卫，勤诚著于轩陛；出镇方隅，惠化洽于黎俗。畴庸有典，式隆宠命。

Notes on Climbing Mount Tai

登泰山记

✎ 姚鼐

　　泰山之阳，汶水西流；其阴，济水东流。阳谷皆入汶，阴谷皆入济。当其南北分者，古长城也。最高日观峰，在长城南十五里。

　　余以乾隆三十九年十二月，自京师乘风雪，历齐河、长清，穿泰山西北谷，越长城之限，至于泰安。是月丁未，与知府朱孝纯子颖由南麓登。四十五里，道皆砌石为磴，其级七千有余。

　　泰山正南面有三谷。中谷绕泰安城下，郦道元所谓环水也。余始循以入，道少半，越中岭，复循西谷，遂至其巅。古时登山，循东谷入，道有天门。东谷者，古谓之天门溪水，余所不至也。今所经中岭及山巅，崖限当道者，世皆谓之天门云。道中迷雾冰滑，磴几不可登。及既上，苍山负雪，明烛天南；望晚日照城郭，汶水、徂徕如画，而半山居雾若带然。

　　戊申晦，五鼓，与子颖坐日观亭，待日出。大风扬积雪击面。亭东自足下皆云漫。稍见云中白若摴蒱，数十立者，山也。极天云一线异色，须臾成五彩。日上，正赤如丹，下有红光，动摇承之。或曰，此东海也。回视日观以西峰，或得日，或否，绛皓驳色，而皆若偻。

　　亭西有岱祠，又有碧霞元君祠；皇帝行宫在碧霞元君祠东。是日，观道中石刻，自唐显庆以来，其远古刻尽漫失。僻不当道者，皆不及往。

　　山多石，少土；石苍黑色，多平方，少圜。少杂树，多松，生石罅，皆平顶。冰雪，无瀑水，无鸟兽音迹。至日观数里内无树，而雪与人膝齐。

　　桐城姚鼐记。

目录 Contents

序言 Preface

登泰山　览天下
View the World from Lofty Mount Tai

001
—
039

一览众山小
Gazing from Mount Tai

- 002　泰山安则四海安
- 008　来这儿看一看远古文明
- 012　引来帝王封禅　此地绝无仅有
- 016　巍巍名山　触动诗人心弦
- 020　拜一拜泰山老奶奶
- 026　天下奇石数不尽　唯有泰山石敢当
- 032　挑山工挑出泰山精神
- 036　一山两水　两域一线

040
—
081

泰山归来不看岳
A trip to Mount Tai renders trips to the other four great mountains unnecessary

- 042　敢称"天下第一山"
- 050　走进"天下第一行宫"
- 056　拔地五千丈　冲霄十八盘
- 060　玉皇顶上无字碑
- 062　不可错过四大奇观
- 070　观五朝六帝祈福盛典
- 074　有一种成长在泰山
- 076　相约泰山之巅
- 078　绿水青山跑泰马

《左传》(国语)

082
—
109

山城代有才人出
Each age brings forth new geniuses in Tai'an

084 柳下惠为何称"和圣"？
086 高山流水轻如毛 管鲍之交传千古
088 丘明先生写春秋
090 "建安七子" 文章之圣
092 羊公碑字在 读罢泪沾襟
094 一代高僧 泰山传法
096 混世魔王，还是盖世英雄？
098 李白隐居徂徕山
102 妙手仁心 奠定宋朝"儿科之圣"
104 湖海散人 书写"霸业"
106 古代革新者 入选名人堂
108 欧阳中石：字如其人显真道

110
—
145

非遗看泰安
Intangible cultural heritage in Tai'an

112 这里有场天然书法展
120 厚道山东人 最爱梆子戏
124 逛东岳庙会 祈平安富贵
130 泰山皮影泰山魂
134 端鼓腔：扎根船头的说唱艺术
138 水陆画 泰山香
142 岱岳剪纸 妙手生花

泰山脚下也精彩
Fantasy at the foot of Mount Tai

- 148　徂徕山上吟小诗
- 154　徂徕书院　泰山脚下好读书
- 158　观音圣境　北方普陀
- 164　小桥，流水，人家
- 168　八百里水泊的古老记忆
- 174　戴村坝：精巧绝伦的系统工程
- 178　梦幻乐园　欢乐世界
- 182　你没见过的地下奇景
- 188　泰山温泉暖天下
- 192　穿越五千年　梦回大汶口
- 196　天颐湖畔　碧水蓝天

舌尖上的泰安
A bite of Tai'an

- 202　白菜、豆腐、山泉水，见识一下泰山三美
- 206　一鸡二鱼三丸子　四个盘子八个碗
- 208　东平粥里品乡情
- 210　新泰归来不吃鸡
- 212　王家炖鱼宴　三天不吃饭
- 216　糁汤飘香
- 218　约起来吧　泰山原浆
- 220　驴油火烧美名扬
- 222　昔日帝王御膳席　今朝百姓豆腐宴
- 226　泰安煎饼　香飘千年

给生活家一个快乐的理由
Giving hedonists a reason to be happy

230—243

232　在艺术世界感悟人生
236　尝尝泰山菜　常做泰安人
238　一曲关于咖啡的小情歌
240　跨越历史之桥　走进汶口古镇

山城有礼
Specialties of Tai'an

244—269

246　泰山玉的前世今生
250　吉祥如意泰山石
254　一缕药香护平安
256　登泰山而小天下　品山茗而畅心脾
258　小小板栗赛人参
260　泰山灵芝一身宝
262　古有玉液香　今有泰山酒
264　日食三颗枣　长生永不老
266　天上蟠桃　人间肥桃
270　木鱼石的传说

私享
Private enjoyment

272—281

后记
Postscript

282—284

世界双遗产，

中华第一山。

它积淀了中华民族五千年的历史文明，

它是华夏**历史文化缩影**。

登泰山**保平安**，

是它最贴切的**中华名片**。

As the UNESCO cultural and natural heritage as well as the first mountain in China, Mount Tai is the epitome of Chinese history and culture, and an accumulation of the five-thousand year long civilization of the Chinese nation. Widely acclaimed in the saying "climbing Mount Tai makes you safe and sound", it has become a calling card of China.

乔云生

1 / 第一章 One

一览众山小

Gazing from
Mount Tai

Peace on Mount Tai,
peace in the world

泰山安则四海安

✍ 刘兴顺 张敏敏　📷 范志祥 刘国庆 乔云生

　　泰安有着历史悠久的文化品格。因为泰山，泰安与社稷结下了不解之缘，"泰山安则四海安"也已成为国人的共识。

　　Tai'an boasts a long history of a cultural character. It has forged an indissoluble bond with state affairs because of Mount Tai. "Peace on Mount Tai, peace in the world" has become a common concept of the Chinese people.

泰安因泰山而得名，寓国泰民安之意。

泰安的史迹几乎与人类历史同步，中华民族发祥地之一的大汶口遗址，作为大汶口文化的命名地已被写进了中学历史课本，其历史也将近七千年。

先秦时期，泰安南麓属鲁国，泰山是齐鲁两国的分界线。齐鲁初建，国境大体以泰山为界，从《诗经·鲁颂·閟宫》的"泰山岩岩，鲁邦所詹"可以看出，鲁国视泰山为本国之山。

春秋末期，齐鲁两国开始出现战争，导致泰山的管辖权不断易手。战国时期，自公元前408年后，泰山完全被齐国占领。

秦始皇二十六年（公元前221年），秦国灭掉齐国，在齐地设齐、琅邪两个郡。"齐郡后析为齐、济北二郡……济北得《汉

志》之平原、济南、泰山,兼有勃海、东郡之地。"济北郡统领博阳、嬴(今莱芜西北)、谷城(今东平旧县)、卢(今长清县南)、鬲(今德州北)、著(今临邑县东南)、漯阴(今临邑县)等县。秦时,泰山主峰在博阳县境。

汉高祖五年(前202年),刘邦登帝位后,认为秦王朝迅速灭亡的原因在于没有同姓王国拱卫中央,于是大建同姓王国。汉高祖六年正月,封长子刘肥为齐王,以临淄、济北、博阳、城阳、胶东、胶西、琅邪七郡为其封地。汉高祖死后,吕后当政。文帝前元二年(前178年),因为诛吕氏之功,汉文帝割齐济北郡,封刘肥之子刘兴居为济北王。后刘兴居起兵造反,失败后自杀,济北国被废,改郡。文帝十六年(前164年),复置济北国,以刘肥长子刘志为济北王。泰山隶属济北国。

汉武帝即位后,不断为封禅泰山做着

准备，但泰山却在济北王国境内。元狩元年（前122年），济北王刘胡见武帝封禅心切，主动上书贡献其国境之内的泰山及其附近的城邑。汉武帝于是割济南郡南部加上刘胡所贡献的泰山及其旁邑，设立泰山郡。

后来，随着朝代的更迭，泰安境内行政区域不断变化，泰山的管辖权也不断易主。

女真族是北方游牧民族，五、六世纪以来，居住于今黑龙江、松花江流域及长白山麓。金太祖收国元年（1115年），完颜阿骨打称帝，正式建立金国。建炎二年（1128年）十二月，金人攻破袭庆府（今兖州），泰山被金占领。

泰安之名，始于金太宗天会八年。金人在金与南宋之间立大齐国，以为缓冲，这年九月，金立刘豫为齐帝，年号阜昌。据李守纯大定二十三年（1183年）四月《大定重修宣圣庙记》载：

"泰安之为州也,有岳祠以壮观其中……亡宋开宝五年,徙乾封县于此。大中祥符元年改曰奉符,废齐阜昌之初改为军,曰泰安,本朝开国六十有八年升之为州。"

元末泰安州直隶中书省,领奉符(附郭)、长清、莱芜、新泰四县。洪武元年(1368年),改隶山东济南府,以州治奉符县省入州,而莱芜县改隶济南府。洪武二年(1369年)七月戊戌,长清县改直隶济南府,莱芜县又改隶于泰安州。此后,泰安州只领新泰、莱芜二县,州治在今泰安市。

准确地说,泰安城市现址在唐中后期已具雏形,宋开宝五年(972年)作为县址和帝王封禅的中心城镇开始发展起来。

泰安有着历史悠久的政治文化品格,因为泰山,其与社稷结下了不解之缘,由此"泰山安则四海安"成为国人的共识,泰山也由此被誉为"中国历史文化的局部缩影",并被授予"中国书法名山""世界自然与文化双遗产"的桂冠。

来这儿看一看远古文明

Come and enjoy the ancient civilizations

✍ 刘兴顺 张敏敏

📷 范志祥 乔云生 许鹏 张仁东

　　大汶口特殊的地理位置与其独特的文化资源，带来了大汶口商业的繁华。如今，在泰安大汶口镇，依稀能看到大汶口曾经繁荣的影子。

　　Dawenkou's special geographical location and unique cultural resources have brought forth its commercial prosperity. Today, you can still see the traces of past prosperity in Dawenkou Town of Tai'an.

大汶口文化是新石器时代文化,因最早发现于山东省泰安市大汶口而得名,分布地区东至黄海之滨,西至鲁西平原东部,北达渤海北岸,南到江苏淮北一带,基本处于汉族先民首领少昊氏的地区,为龙山文化的源头。另外该文化类型的遗址在河南和皖北亦有发现。据放射性碳素断代并校正,大汶口文化年代距今约6300—4400年,延续时间约2000年。

大汶口位于泰安五汶交汇处,这五条汶水分别是:渐汶、嬴汶、牟汶、柴汶、小汶,至此处五汶合流,故称大汶口。

考古学中的泰安大汶口文化史料非常丰富。大汶口古镇,在正史中最早是作为钜平县县治出现的,其出现的时间在前122年,即元狩元年。这一年,汉武帝设立泰山郡,郡治博阳(今岱岳区旧县),辖钜平、奉高、牟、嬴等二十四县,其中钜平治即今天的泰安市岱岳区大汶口镇。

自此,钜平——古大汶口出现在历史记载中。直到天保七年(556年),改泰山郡为东平郡,领

博、梁父、岱山三县,钜平县并入博县,博县县治即今天的岱岳区旧县。钜平县自此被废除,其前后存在达700多年。我们知道,在正史中,县级以下地域区划记载是极难出现的,而遍查以后正史,也确实查不到钜平县以后的"大汶口"记载。

直到明代汪广洋写《凤池吟稿》,卷五有诗《大汶口》。《凤池吟稿》成书于洪武三年(1370年)前,此为最早记载"大汶口"之名的文献。据此可知,元末明初即有大汶口之名称。从那以后,大汶口作为古镇名称正式出现,各种与其相关的史料也不时出现:如明乔宇(1464年~1531年)《渡大汶记》云"季夏三日,冒雨南行十里,岚气切衣。又五十里,至大汶口。"记载了大汶口古渡;明毕自严(1569年~1638年)《三叟同游记》,记载了其于1637年3月24日,"晚宿大汶口,河阔水驶,有道人修桥焉",他记载了明石桥,其史料价值弥足珍贵;如清人王士禛《池北偶谈》记载了张延登于1637年3月在大汶口发现三叶虫化石的事。如此文献史料不胜枚举,都一一列入《大汶口大事记》,原文则被载入《汶口诗文》中。

大汶口特殊的地理位置与其独特的文化资源,带来了大汶口商业的繁华,如

山西会馆院内所存道光二十六年（1846年）碑，记载了"北四城、洪源号、磷窑、增盛号、仁和号、万成泰、通盛店、广顺和、东义和、义兴号、永成店、春和堂"等30家商号店铺的名称。

1910年，津浦铁路开通，在此设大汶口站，从而大汶口成为商贾云集之地。1933年北洋理工大学调查报告中记载："是地为附近各县土产集中地，经津浦铁路，运销他埠。"

大汶口卢氏为大汶口古镇的望族，当地人熟语："你一不姓卢，二不姓侯，你能什么能！"可见大汶口卢氏在当地的影响力。据其家谱记载，卢明行于明代正德（1506年～1521年）年间自长清卢庄三迁来大汶口定居。此后数百年，谱系时断时续。至今，卢姓仍然是大汶口镇人口比较多的姓氏。

如今，到了泰安大汶口镇，依稀能看到大汶口曾经繁荣的影子，但是远古文明却觅不到踪迹。虽然大汶口文化在考古界非常重要，但这一发端于公元前6000多年前，直到1959年才被考古发掘的新石器时期的文化，对大汶口当地居民来说影响并不是很大，而且也极难分析出它对当前大汶口文化的直接或间接影响。

古人认为群山中泰山最高,为"天下第一山",因此人间的帝王应到最高的泰山去祭过天地,才算受命于天。

Ancient Chinese people regarded Mount Tai as the highest mountain and the "first mountain under heaven". Therefore, emperors, kings on the earth, had to go to the highest mountain to sacrifice to emperor of the heaven before receiving instructions from heaven.

在中国古代神话传说中,盘古死后,头部化为了泰山。

古人形容"泰山,吞西华,压南衡,驾中嵩,轶北恒,为五岳之长"。泰山山体雄伟壮观,景色秀丽,因其气势之磅礴为五岳之首,故又有"天下名山第一"的美誉。

Sacred mountain for emperors to offer sacrifices to heaven and earth

引来帝王封禅 此地绝无仅有

✐ 天天　📷 乔云生

据《史记集解》所载、"天高不可及,于泰山上立封禅而祭之,冀近神灵也。"因此,人间的帝王应到最高的泰山去祭过天地,才能授命于天。

封禅是中国古代帝王在太平盛世或天降祥瑞之时祭祀天地的大型典礼。《五经通义》云:"易姓而王,致太平,必封泰山,禅梁父,天命以为王,使理群生,告太平于天,报群神之功。"也就是说,封禅是古代帝王的最高大典,而且只有改朝换代、江山易主,或者在久乱之后致使天下太平,才可以封禅天地，向天地报告重整乾坤的伟大功业，同时表示接受天命而治理人世。

封禅，封为"祭天"，在泰山上筑土为坛祭天，报天之功；禅为"祭地"，在泰山下梁父等小山上辟场祭地，报地之功。夏商周三代，已有封禅的传说。

《史记·封禅书》载有春秋时期齐相管仲论封禅的一段话，说齐桓公称霸后想行封禅之祀，管仲反对，认为古代进行过封禅的有七十二代帝王，著名的有无怀氏、伏羲、神农氏、炎帝、黄帝、颛顼、帝喾、尧、舜、禹、汤、周成王十二个，他们都是授命之后，种种祥瑞不召而至才举行封禅仪式的。桓公知道自己没这么大的福气，只好放弃了封禅的妄想。《史记》所载，舜、禹以后举行过封禅的只有两个人，即秦始皇和汉武帝。

秦始皇统一中国之后，认为自己的统治得到了上天的认可，在他称帝第三年（前219年）就带了齐、鲁的儒生博士70人到泰山举行了封禅活动。他先到邹峄山，行祭礼，刻石颂秦功业。同时召集齐、鲁的儒生稽考封禅礼仪，众儒生说法不一。始皇帝于是自己制定了礼制，整修山道，自泰山的东边登山，在岱顶行登封礼，并立石颂德。自泰山的西边下山，行降禅礼于梁父山。秦始皇封泰山时的祭文和祭礼秘而不传。

西汉中叶，随着汉王朝在政治、经济领域中央集权的日益加强，汉武帝决定按古礼举行封禅。公元前110年，汉武帝先到梁父山行禅礼祭地，然后到泰山脚下的东方设坛，举行了第一次封礼祭天。埋下玉牒书之后，汉武帝与少数大臣登上泰山之巅，举行了第二次封礼。为了纪念这次封禅典礼，武帝还改年号为元封。后来汉武帝又多次来泰山举行封禅仪式。

后来，汉世祖光武皇帝刘秀、唐高宗孝皇帝李治、唐玄宗明皇帝李隆基和宋真宗元孝皇帝赵恒都曾到泰山封禅，唐玄宗李隆基一改以前帝王封禅诰文秘而不传的规则，将封禅诰文宣告于天下，表明封禅是为天下苍生祈福。宋真宗封禅泰山之时，欲借天意来威慑外敌，故导演了一幕"天书由天而降"的闹剧，自此之后，帝王泰山封禅的历史也就戛然而止。

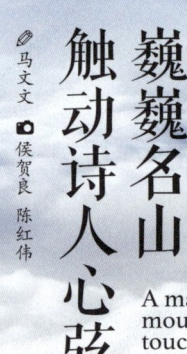

巍巍名山 触动诗人心弦

A majestic mountain touches the poet's heart

✎ 马文文
📷 侯贺良 陈红伟

众多文人墨客登泰山后，留下了许多流传千古的诗篇。明清之际，歌颂泰山的诗词创作达到了高峰。新中国成立后，一些名人学者纷纷登泰山赋诗，为泰山诗的发扬光大更添一笔。

After visiting Mount Tai, ancient literati left behind numerous poems that spread through the ages. During the Ming and Qing dynasties, the creation of poetry eulogizing Mount Tai reached a peak. After the founding of the People's Republic of China, many celebrities and scholars came to write poems on Mount Tai, further promoting the development of Taishan poetry.

泰山积淀了中华民族五千年的历史文明，是华夏历史文化的缩影。当登上泰山山顶，极目远眺，一种立于平原之上、俯瞰万物的震撼之感便油然而生。众多文人墨客登泰山后，也留下了许多流传千古的诗篇。

据传，我国最早描写大山的诗就是写泰山的。《诗经》记载的，鲁国军士在一次征战凯旋后所唱到的**"泰山岩岩，鲁邦所詹"**，就是伟大的思想家、教育家、儒家文化的创始人孔子晚年删定的《诗经》中对泰山的赞叹。此后，汉代天文学家张衡也留有"我所思兮在泰山，欲往从之梁父艰"的诗句，充满了对泰山的向往。历史学家、文学家司马迁，以泰山为象征，身体力行道出了检验人生价值的标准，**"人固有一死，或重于泰山或轻于鸿毛"**。三国时著名诗人曹植，登泰山写下了《泰山梁父行》《飞龙篇》《仙人篇》等诗，并首开泰山仙游诗之先河。南朝诗人谢灵运也留有"岱宗秀维岳，崔崒刺云天"的诗句。

唐宋时代，文人学士游泰山蔚然成风，泰山的美学资源在他们的畅游审美下得到了更深层次的发掘和颂扬。"五岳寻仙不辞远，一生好入名山游"的"诗仙"李白，

登泰山时留下了《泰山吟》《送范山人归泰山》等十几首诗,将自己心目中雄伟、神秘的泰山多视角、多层次地展现在世人面前,其诗句:"四月上泰山,石屏御道开""天门一长啸,万里清风来""海水落眼前,天光遥空碧"等,脍炙人口,久传不衰。被称为"诗圣"的现实主义诗人杜甫,25岁登泰山时就写出了"岱宗夫如何?齐鲁青未了。造化钟神秀,阴阳割昏晓。荡胸生层云,决眦入归鸟。会当凌绝顶,一览众山小"的千古绝唱。宋代著名学者范成大在《日观峰》一诗中用"岱岳东南第一观,青天高耸碧崚嶒"来赞美泰山日观峰的高耸挺拔。元代文学家元好问的《游泰山》以"秦皇威憺灵,茂陵亦雄才"的诗句来讴歌秦皇汉武的功绩,从上天、帝王的象征和权威方面评论泰山的地位之高。

明清之际,文人雅士更是接踵而至,歌颂泰山的诗词创作达到了高峰时期。乾隆皇帝也曾御笔钦赐诗百余首,足见泰山在皇家贵族心中的地位。宋濂、方孝孺、徐霞客、袁枚、任克溥、顾炎武、魏源等也相继登临泰山赋诗抒怀。新中国成立后,郭沫若、舒同、萧涤非、杨辛等一些名人学者纷纷登泰山赋诗,为泰山诗的发扬光大更添一笔。

Worship of the Goddess of Mount Tai

拜一拜泰山老奶奶

刘小东　刘国庆 许鹏 王田军

碧霞元君全称"东岳泰山天仙玉女碧霞元君",因坐镇泰山,民间俗称"泰山圣母""泰山老奶奶"。

The Goddess Bixia is commonly known as the Female Deity of Mount Tai or the Goddess of Mount Tai because she lives on the mountain.

登泰山,到达南天门后,人们有一个必去的景点,那就是碧霞祠。碧霞祠,顾名思义,就是供奉泰山奶奶碧霞元君的庙宇,凡是爬泰山的人,无论是烧香祈福还是纯粹游玩,若不去碧霞祠,心里总会有些遗憾。

相信不少人登上泰山一定有这样的疑问,碧霞元君为什么会受到这么多人的爱戴?民国重修的《泰安县志》上说:"泰山为五岳之首,而圣母之庙在焉,既有示而必应。亦无咸之不通。"各地百姓"贫者求富,疾者求安,耕者求岁,贾者求息,

祈生者求年,未子者求嗣"。大约从那时起,这位女神享受了数百年兴盛不衰的香火,甚至超过了原来的泰山之神——东岳大帝。

"夜深号佛买长香,上下林峦列炬光。将到红门声更沸,东西路合岱宗坊。"碧霞元君全称"东岳泰山天仙玉女碧霞元君",民间俗称"泰山圣母""泰山老奶奶"。明清两朝,供奉碧霞元君的泰山行宫,遍及全国各地,有成千上万座之多。《帝京景物略》:"香火自邹鲁齐秦以至晋冀,祠在北京者,称泰山顶上天仙圣母。"光是在京师,娘娘庙就有"三山五顶"

之说。清韩锡胙在《元君记》中记载，**"通古今天下神祇，首东岳。而东岳祀事之盛，首碧霞元君……自京师以南，河淮以北，男妇日千万人奉牲牢币，喃喃泥首阶下。"**由此可见，碧霞元君香火之极盛，民间百姓对碧霞元君信仰崇拜之至。

农历三月十五和四月十八是碧霞元君最重要的两个节日。但因清代朝廷四月十八元君圣诞日派遣大臣前来，垄断了这一天的祭祀，百姓朝拜只得另择日期。从晚清开始，泰山周边信众开始在三月十五换袍日这一天登上泰山，朝拜碧霞元君，并逐渐形成规模，约定俗成下来，成为民间认可的碧霞元君生日。辛亥革命后，朝廷奉行的四月十八祭祀之礼废止，但民间三月十五祭祀碧霞元君却在泰山一带成了习俗。

民间传说，碧霞元君是赐福人间的神，有求必应，能为众生造福，消病免灾，非常灵验。每逢初一、十五，各地香客纷至沓来，尤其是每年的春天，各地香会香客结伴来泰山碧霞祠烧香祈福，已经成为民间的一大传统。时至今日，每年农历三月十五，也成为了泰山最为鼎盛的朝拜进香节日。

天下奇石数不尽 唯有泰山石敢当

The countless rare stones on Mount Tai

刘小东 马斌 张振宗

泰山石敢当习俗源远流长，蕴含着丰富的精神内涵。泰山石敢当精神，更多体现的是一种担当精神和责任意识。

The well-established custom of worshiping Taishan stones implies rich spiritual connotations. The spirit of Taishan stone reflects the strong sense of accountability and the consciousness of responsibility.

"岱岳美名五洲扬，千载神说接大荒，天下奇石数不尽，唯有泰山石敢当。"行走在泰安的大街小巷，冷不丁地就能发现屋角有石敢当的碑刻或石像，上刻"石敢当"像或"泰山石敢当"字样。不仅是泰山脚下的泰安，全国各地也有这个习俗，甚至传到了国外，有中国人的地方就有泰山石敢当。泰山石敢当成为人们心中镇宅、驱邪、保平安的神。

　　石敢当信仰的源头可追溯到汉代。西汉史游《急就篇》中记载："师猛虎,石敢当;所不侵,龙未央。"而根据后来的记载,石敢当信仰在唐代非常盛行,福建莆田曾挖掘出刻有"石敢当,镇百鬼,厌灾殃"的石碑,落款是"唐大历五年"(770年)。

　　在中国古代,最开始有的是灵石崇拜,石敢当是风俗流传千年后,才与泰山结合,衍生了今天所说的泰山石敢当。石敢当与泰山结合后,渐渐被拟人化,也在民间衍生了许多传说故事。在传说中,石敢当被赋予各种各样的形象。清代的笔记中,有关于泰山石敢当传说的记载,其中一个故事讲的是康熙年间,广东徐闻县有几任知县到任数天,便不明不白地死去了,后来有一位姓黄的新任知县,上任之前听说有这样的情况,便在就职时,带了一位风水先生一同赴任,经风水先生勘察研究之后,发现徐闻县有一座宝塔,影子正好落于县太爷的公座上,前几任的县官皆因不能承受宝塔的压力而死亡。于是，风水先生便命人在县衙门前立了一块石碑，上面刻着"泰山石敢当"五个大字，以泰山之神力来抵御宝塔的影子，黄知县上任以后，一直平安无事。

在农村的街头巷口，或是面向街道的房屋下，经常会看到一个小石碑，石碑上写着"石敢当"等字样，有些石碑碑额上还有狮首、虎首等浅浮雕。在民间，石敢当是镇宅驱邪的，也有治病一说。在历史发展中，石敢当的含义有多次变化，在演变中，石敢当所能起到的作用越来越多，2005年12月，首批国家级非物质文化遗产保护名录公布，"泰山石敢当习俗"名列其中，成为受到国家重点保护的非物质文化遗产。

泰山石敢当习俗源远流长，蕴含着丰富的精神内涵。泰山石敢当精神，则更多体现的是一种担当精神和责任意识。而泰山石敢当作为一种中国民间习俗，所包含的"石敢当，镇百鬼，厌灾殃，官吏福，百姓康，风教盛，礼乐张"的"平安文化"，也反映了人们普遍渴求平安祥和的心理认知，因此泰山石敢当文化和精神广泛传播。历经千百年演变后，石敢当已经成为泰山文化的一个重要组成部分，石敢当与泰山也再难以分离。

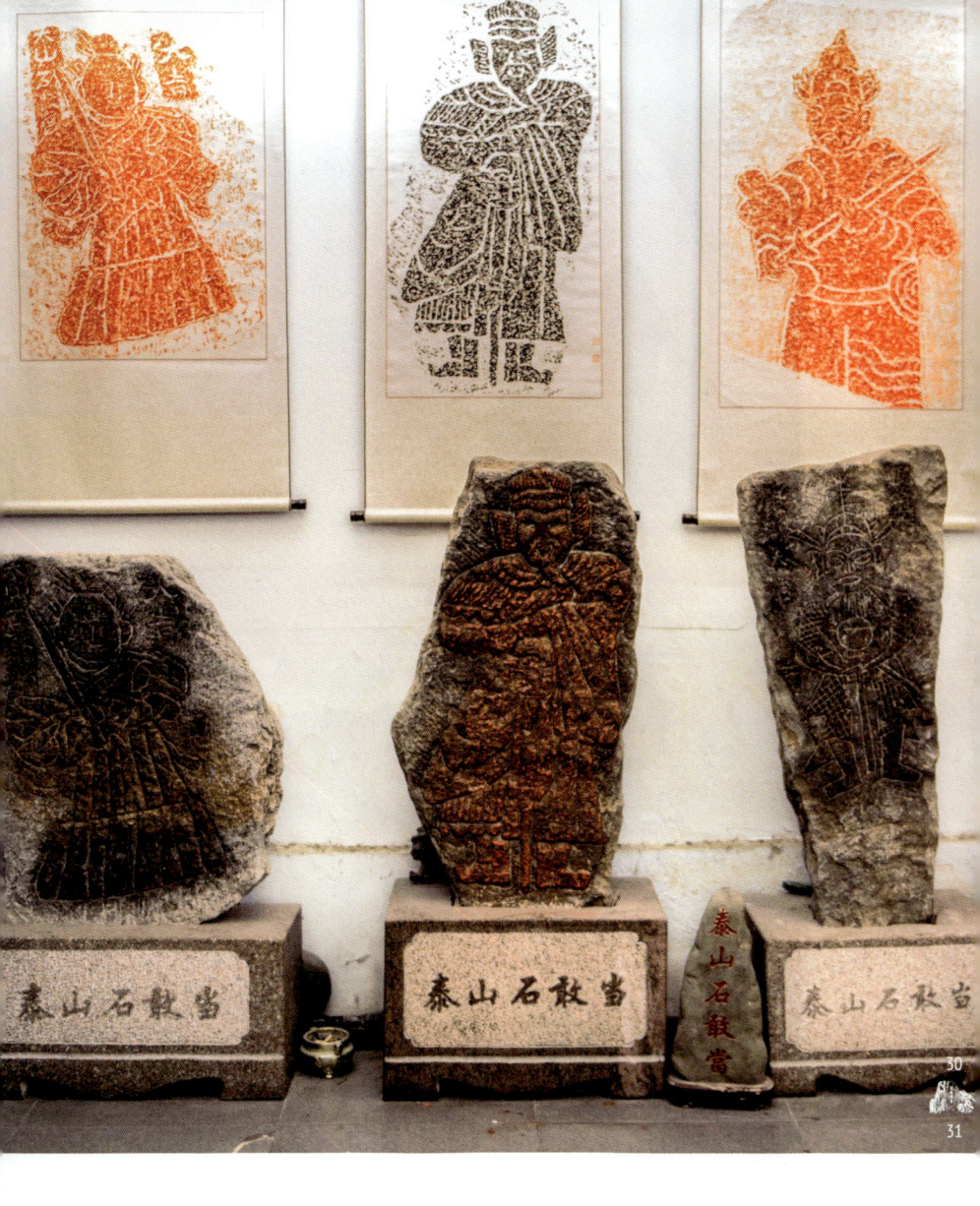

挑山工挑出泰山精神

Porters on Mount Tai highlight the spirit of Taishan

刘小东

王田军 王立山

泰山上有一群靠肩膀扛起整座山的物资输送重任的挑山工，他们是景区内的一道风景线，他们的辛勤劳动早已与雄伟的泰山融为一体。

There is a group of porters on Mount Tai who undertake the task of transporting materials on their own shoulders. They have become a typical feature of Mount Tai, with their hard work now an integral part of the majestic mountain.

"在泰山上，随处都可以碰到挑山工。他们肩上搭一根光溜溜的扁担，两头垂下几根绳子，挂着沉甸甸的货物。登山的时候，他们一只胳膊搭在扁担上，另一只胳膊垂着，伴随着步子有节奏地一甩一甩，保持身体平衡……"曾有一项统计说，在中国有2亿少年儿童读过冯骥才的散文《挑山工》。也正是因为这篇入选中小学课本的文章，让更多的学生了解到了泰山，了解到泰山上有一群靠肩膀扛起整座山的物资输送重任的泰山挑山工，感受到了他们坚韧不拔、艰苦奋斗的精神。

小时候，从小学语文课本里，我们认识了泰山挑山工；长大后，前来攀登五岳之尊的泰山，人们又见到了挑着担子一步一步往

前走的"传说中的挑山工"。**"稳挑日月历沧桑，万古登山涵意长。沧海横流天欲堕，东天一柱看脊梁。"** 作为高山景区，挑山工也是景区内的一道风景线，挑山工的辛勤劳动早已与雄伟的泰山融为一体。随着运输工具的不断发展，泰山挑山工的数量已不足百人，他们每天来回两三趟，用自己的双肩和汗水，保障着游人的需求。

关于挑山工，历史上留下的资料并不多。据了解，史料记载较多的与"山舆"有关，也就是山轿与轿夫，明代留下一些关于乘轿登山的诗文，近代冯玉祥也写过同情轿夫的诗。其中山轿在新中国成立前很流行，蒋介石和宋美龄当年就是坐轿上的山，而关于挑山工几乎没有记载，唯有泰安市博物馆里收藏着一张民国早期挑山工的照片。

冬天着薄衣，夏日赤着背，长长的扁担挑着货，在盘道上晃来晃去，挑山工形成了泰山上一道亮丽、独特的景观。**他们身比泰山矮，却志比泰山高，肩挑泰山重，足下众山小，双肩挑走了日和月，双足踏遍万重山。他们有着厚道、勤恳、务实、吃苦耐劳、默默无闻的劳动者本色，他们有着敢挑重担、知难而进、勇往直前、坚韧不拔、奋发向上的登山精神。** 他们用汗水和毅力"担起"了天上的街市，用铁肩担出了泰山的风景如画，担出了中外游客的欢声笑语，也担出了泰山文化的悠久历史和现代文明的斗转星移。

冯骥才在 2013 年来泰山寻访挑山工时曾说，当年在泰山写生，听到人们称挑山工是挑山的工人，便用了"挑山工"一词。在他看来，这两个字背后的含义深厚，把山挑起来，需要的是力量和气魄，这也是泰山精神的表现。

One mountain and two rivers, two drainage basins and one traffic artery

一山两水 两域一线

✎ 张敏敏　📷 王纪银

提起泰安，脑海中就会浮现出一句话："山是青的山，水是绿的水，天是蓝的天。"

说起泰安的山，首先想到的是泰山，很多人到泰安是奔着泰山去的。我爬过很多次泰山，这座"天下第一山"给我总体印象是，有树、有水、有文化、有历史，层层绿意中透着灵气，饱经沧桑却又充满着青春的气息。

据说，泰山主峰傲然拔起，环绕主峰的知名山峰有112座、崖岭98座、溪谷102条，构成了群峰拱岱、气势磅礴的泰山山系。泰山水系十分发达，共有名泉72处，山体总储水量达30亿立方米，形成了山泉密布、河溪纵横的灵秀景观。

泰山的绿也不是没有依据的，泰山植被跨越三个温度带，层次分明，种类繁多，森林覆盖率达到82.6%，植被覆盖率达到94.6%，堪称山东地方植物研究的天然资料库。其中，百年以上的古树名木18000余株，是活着的文物、历史的见证。

很多人的印象中泰安是一座山城，其实，泰安也是一座"水城"。泰山水系十分发达，共有名泉72处，形成了山泉密布、河溪纵横的灵秀景观。

In the impression of many people, Tai'an is a mountain city. In fact, it is also a "water city". Mount Tai boasts rich water resources, having a total of 72 renowned springs, which are the source of a delicately beautiful landscape of springs, rivers and streams.

因为泰山的缘故，很多人的印象中泰安是一座山城，其实，泰安也是一座"水城"。泰安境内河流分数黄、淮两大流域，主要河流有大汶河、汇河、泉河、洗河等。北部大汶河水系属黄河流域，南部泗河、泉河、洗河水系属淮河流域。

说起泰安的水，最著名的莫过于大汶河。大汶河发源于山东旋崮山北麓沂源县境内，汇泰山山脉、蒙山支脉诸水，自东向西流经莱芜、新泰、泰安、肥城、宁阳、汶上、东平等县、市，汇注东平湖，出陈山口后入黄河，可以说，大汶河是泰安的母亲河。

泰安是旅游城市，在泰安人看来，绿水青山就是金山银山。他们把生态文明建设融入经济、政治、文化、社会建设各方面和全过程，着力建设碧水青山、绿色低碳、宜居宜业的生态文明城市。

　　为此,泰安公布《关于推进泰安市泰山区域山水林田湖草生态保护修复工程的实施意见》,将泰安市泰山区域山水林田湖草生态保护修复工程划分为泰山生态区、大汶河—东平湖生态区两个片区,统筹安排地质环境、土地整治、水环境、生物多样性和监管能力建设等5大类工程,形成了"一山两水、两域一线"总体布局。

　　近年来,泰山区域山水林田湖草生态保护修复工程被列入国家试点,以此为契机,泰安统筹实施,协调推进,加大生态环境保护和治理修复力度,着力打造"山青、水绿、林郁、田沃、湖美"的泰山大生态带,实现山水林田湖草生命共同体和谐发展,为我国北方地区实施山水林田湖草生态保护修复提供可借鉴、可复制、可推广的"泰山经验"。

这座**山中"帝王"**，统领群山，作为历代**帝王封禅之地**，上至君王，下至普通百姓，都对它**深深憧憬**。

Mount Tai, king of mountains, commands all mountains and hills. As the place where emperors held the grand ceremony of Fengshan Sacrifices, it was worshiped by everyone from the emperor to the masses.

第二章 Two

泰山归来
不看岳

A trip to Mount Tai renders trips to the other four great mountains unnecessary

敢称『天下第一山』

粥粥　王长民　刘国庆　乔云生　范志祥

Dare to be the first mountain under heaven

五岳之首的泰山地处山东中部，主峰玉皇顶，气势雄伟磅礴，有着"天下第一山"之称。

Mount Tai, chief of the five sacred mountains, is located in the central part of Shandong province, with Jade Emperor Peak as its main peak. Majestic and towering, it is known as the "first mountain under heaven".

在泰山丈人峰石壁上，刻有"天下第一山"五个字，作者及题刻年代不详，但这处题刻的存在，表达了古人对泰山的共同认识。

中国有很多气势磅礴的名山，驰名中外，举世闻名。为什么泰山敢称"天下第一山"，成为中华民族的象征呢？这与泰山的历史文化有着莫大的关系。

五岳之首的泰山地处山东中部，主峰玉皇顶，海拔1545米，它突起于华北平原，凌驾于齐鲁丘陵之上，相对高差达1300米，与周围相对平缓的地势对比明显，视觉效果格外突兀，凌空高拔，直冲霄汉，呈现群峰拱岱的态势，构成了泰山博广厚重的视觉感受和心理体验，于是就有了"稳如泰山""重如泰山"的种种比喻。泰山有着众多称号："世界首个文化与自然双重遗产""世界地质公园""全国重点文物保护单位""国家重点风景名胜区""国家5A级旅游景区"等，一个

个称号都是泰山荣誉的象征。

  史莫古于泰山。在泰山脚下发现了距今五十万年的"沂源人"化石、距今五万年的"新泰人"化石,以及距今六千年的大汶口文化、距今五千年的龙山文化遗址,是黄河流域华夏文明的重要发祥地。在古代,**泰山便被视为社稷稳定、政权巩固、国家昌盛、民族团结的象征,**遇有新君即位或重大事件,皇帝都要亲临或派遣官员到泰山封禅祭祀,这形成了世界上独一无二的泰山帝王文化。

泰山是中华独一无二的文化大山。两千五百多年前,孔子"登泰山而小天下"。泰山的雄浑与博大,吸引了历代文人名士纷至沓来,观光揽胜,吟诗作赋,留下大量传世佳作,成为中华民族文化宝库的重要组成部分。而自然的泰山,风景以壮丽著称,重叠的山势,厚重的形体,苍松巨石的烘托,云烟的变化,使它在雄浑中兼有明丽,静穆中透着神奇。

泰山植物种类繁多,森林覆盖率82.6%,植被覆盖率94.6%,共有高等植物1646种。众多的植物使泰山常年郁郁葱葱,一派生机。泰山植被中最引人瞩目的是古树名木。目前泰山有百年以上的古树近两万株,曾被古人命名的千年古树如相传汉武帝亲手栽植的"汉柏凌寒",以及"六朝遗

植""秦松挺秀""一亩松""迎客松"等有近百株。1987年,专家面对泰山古树曾有一番评价:"泰山古树名木是大自然的珍贵遗产,是有生命的文物,具有极高的科学价值,也是古代人以他们的审美情趣创造的艺术,具有极高的观赏价值……"

在中国的名山崇岳中,似乎没有哪一座山同人的关系是那样密切又那样悠远。在漫长的岁月里,泰山不仅慷慨地给华夏先民提供了生存的庇护,而且给他们带来了广阔的精神驰骋的领域——从原始的东方崇拜、祭天柴望,到儒家学说的"仁者乐山"……泰山走过了从神山、圣山到中华民族精神之山的过程,我们的民族也从这里由蒙昧走向了文明。

Dai Temple, the first imperial palace for temporary rest in the world

走进"天下第一行宫"

✎ 小霸　📷 乔云生　刘军　赵瑞龙　李霞

来泰山必到岱庙。经过千百年历史积淀，岱庙形成了其独特的韵味，其古朴感、厚重感令人流连忘返。

If you come to Mount Tai, you must visit the Dai Temple. After thousands of years of historical accumulation, the Dai Temple has formed its own unique charm, its primitive simplicity and deep sense of history making people forget returning home.

虽没有北京故宫的雄伟壮观、富丽堂皇，也没有皇家园林颐和园的金碧辉煌、碧水潆回，坐落于东岳泰山脚下的岱庙，却有着其独特的历史厚重感。走进有着两千多年历史的岱庙，扑面而来一种古朴之风，汉代始建，历经战乱、地震，多次修复过后的岱庙依旧庄严肃穆，让人仿佛走进了古代世界。庙中的一草一木、一砖一瓦，都值得去细细品味。

来泰山必到岱庙。与北京故宫齐名的古建筑群岱庙始建于汉代，布局与构建同宫殿建筑一致，只是建筑体制略有简化，色彩上也没有多用金黄色。经过千百年历史积淀，岱庙形成了其独特的韵味，其古朴感、厚重感很难用文字来描述。

无论何时，来到岱庙，都能感受到浓厚的历史气息。从正阳门踏进岱庙，郁郁葱葱的柏树让人忘掉庙外喧嚣的世

界，只想一个人慢慢地探寻欣赏这个古老世界。从唐槐院里沿着台阶走上岱庙城墙，站在高处，整个古建筑映入眼帘，内心是无法言说的尊崇与震撼。城墙上的一砖一瓦、嵌于墙中的石刻，都在诉说着这座古建筑的历史。闭上双眼，聆听鸟叫的声音，感受都市之外难得的静谧；伸出双手，仿佛能触摸到不远处枝头歇脚的鸟儿。

从城墙上下来，穿过配天门，到达仁安门，仁安门的墙壁上贴着许多老照片，一张张黑白照片将岱庙、泰山近代百年的沧桑记录了下来。仁安门往北便是岱庙的主体建筑天贶殿，殿内祀泰山神东岳大帝，神像上悬清康熙皇帝题"配天作镇"匾。在天贶殿内，最吸引我的还是墙壁上的《泰山神启跸回銮图》，描绘了东岳大帝出巡和返回的场面。从东壁的《启跸图》看到西壁的《回銮图》，最大的感受便是壁画中的人物描绘得栩栩如生，而且画中那么多人物，他们的装束和仪态没有雷同的。壁画中的泰山神端坐于四轮六马大辇之上，尽显端庄威严。

沿着岱庙中的道路行走,看到最多的便是古木和石刻,宋真宗加封泰山神为"天齐仁圣帝"的封号碑,记载金大定年间岱庙火灾后情景及重修经过的大令重修东岳庙碑,清乾隆帝为庆祝其"六十诞辰"及其母"八旬万寿"重修岱庙所立的乾隆重修岱庙记碑。驻足于石刻之前,辨读石刻上的字,不失为一种静心的好办法。

可能在很多人看来,岱庙不算大,但值得一看的东西却很多。除了古建筑、石刻,一排排的古木和盆景又为古朴典雅的亭、台、楼、阁增添了万种风情。**庄严雄伟的岱庙,殿宇辉煌,文物荟萃,有着其独特的古朴凝重**。漫步在这艺术的世界里,抬眼望到的、举手触到的都是民族的瑰宝。

The famous 18 Twists and
Turns rising thousands of
meters into the sky

拔地五千丈 冲霄十八盘

✎ 皮皮　📷 石寿颐·乔云生

十八盘是泰山登山盘路中最险要的一段，共有石阶1600余级，是泰山的主要标志之一。此处两山绝壁如削去了一块，陡峭的盘路镶嵌其中，远远望去，恰似天门云梯。

　　With more than 1,600 stone steps, the 18 Twists and Turns create the steepest and most rugged section of the winding ghat on Mount Tai, making it one of the main symbols of the mountain. Two cliffs stand erect on either side of the winding pass like the gates to heaven seen from afar.

"拔地五千丈,冲霄十八盘。径从穷处见,天向隙中观。重累行如画,孤悬峻若竿。生平饶胜具,此日骨犹寒。"

徒步登泰山,一路上美景不断,而过了对松亭继续前行,有一处两边残岩壁立,这是开山修路的遗迹,像门一样,旧称"云门",亦叫"开山",为清乾隆末年改建盘道时所辟,著名的"泰山十八盘"就从这里开始了。

十八盘是泰山登山盘路中最险要的一段，共有石阶1600余级，十八盘处两山崖壁如削，陡峭的盘路镶嵌其中，远远望去，恰似天门云梯。而十八盘岩层陡立，倾角70度至80度，在不足1公里的距离内升高400米。泰山有三个"十八盘"之说，自开山至龙门为"慢十八"，再至升仙坊为"不紧不慢又｜八"，又至南天门为"紧十八"。据悉，按中国的传统习惯，往往以9或9的倍数表示"多"，3个十八盘即暗示着天门虽然在望，但"行百里者半九十"，道路依然很长，不能唾手可得；同时，它的紧紧慢慢又使得艰苦的行程并不单调，给人在劳累中观赏、遐想与体味的余地。

踏上十八盘，"翔凤岭""飞龙岩"一左一右扑面而来，欲倾欲坠，大有"泰山压顶"之势；南天门雄踞两山之间，扼守极顶要冲，可谓"一夫当关，万夫莫开"；仰望，连接天门的盘道，如天梯倒挂，如银河下泄，沟通了人间与仙境。从升仙坊至南天门为"紧十八盘"，是登山盘路中最为艰难处，盘与盘之间的距离，只不过是两个台阶的宽度，盘道旁的石刻中古人留下了"努力登高""首出万山""共登青云梯"等勉词。人们登山到此处，常常汗流浃背，气喘吁吁，甚至有手足并用者，然而抬头望去，南天门就在不远处，也因此动力十足，义无反顾地向上，无一人退缩。

"要去登泰山，就走十八盘，说险它就险，说难也不难，只要你咬紧牙关往上攀，一步一景一层天……" 只有在一步又一步的攀登中，人们才能认识泰山，才能真正体会到泰山的雄伟壮丽，登过一个个石阶，流下一滴滴汗水，来到南天门，感受李太白"天门一长啸，万里清风来"的快意，体会杜工部"会当凌绝顶，一览众山小"的雄心与气概！

玉皇顶上无字碑

Stele without Inscription on Jade Emperor Peak

◎梁子 ■王常民

泰山玉皇庙门前有一座石碑,形制古朴浑厚。奇怪的是,碑上没有一个字,因而被称为"泰山无字碑"。关于这座无字碑,有着很多传说……

In front of the Jade Emperor Temple stands a stone tablet of primitively simple shape and thick texture. Strangely, there is not a single character on it, so it is called the "Stele without Inscription". Many are the legends about this wordless tablet...

提起无字碑，人们首先想到的是乾陵前武则天所立的石碑，殊不知，在泰山顶玉皇庙前也竖立着一座无字碑。

"清晨登岱巅，洗眼有云水。齐鲁望青青，不披封禅史。一柱扶擎天，非小天下视。恍然最上乘，原不表文字。" 玉皇庙前的这座石碑，由石柱、顶盖石和顶柱石三部分组成，形制古朴浑厚，可碑上却无一字，因而被人称为"泰山无字碑"。

因为石碑上无一字，所以此碑究竟是何时、何人所立，便成了一个谜。有人认为此石的长短广狭制度与《秦琅琊刻石》极相似，由此推断此石为始皇立，明、清两代，亦有不少人认为它是秦始皇所立，立碑之意在于焚书。清代乾隆皇帝更断言："本意欲焚书，立碑故无字；虽云以身先，大是不经事。"不过，经过核查史实，秦始皇封禅泰山是在"焚书坑儒"6年前，秦始皇在泰山所立的石碑也是有字碑，因此这种说法颇难成立。也因此又有人提出另一种推测，认为此碑原本是有字碑，后经过长期的风雨侵蚀，原有的文字被风化剥落殆尽，以致成了无字碑。但从现存的无字碑看，风化的情况并不严重，而且在宋代就已被称为无字碑，其他秦代所立的有字泰山碑，在宋代尚能辨认出一百四十六字，如果无字碑也是秦代所立，那么到宋代不可能剥蚀得一字不存。

关于无字碑，流传最广也最为被人们认可的说法，就是它由汉武帝所立。据《史记·封禅书》记载，元封元年（前110年），汉武帝前往泰山封禅，"东上泰山，泰山之草木叶未生，乃令人上石立之泰山巅"。关于汉武帝立无字碑，在民间也有这么一个传说：公元前110年3月，汉武帝来到泰山封禅，见以前的帝王都树碑立传，为自己歌功颂德，受到触动又觉得以碑名功，简直俗而又俗，便别出心裁，取来他山之石，立于绝顶，以示他无以言表的功德。立碑时，在地下挖得一卷金书玉简，只见上面写到"武帝刘彻，寿终十八"。武帝看后，心惊胆战，恍惚中把"十八"倒读为"八十"，而后他果然活到八十岁。

无字碑虽经百世雨露却不生苔藓，据说每当艳阳普照，石碑便熠耀发光，碑中显出几行篆字，言武帝功德，远视则有，近观则无。不过这些关于无字碑的传说无从考证，无字碑的来历也始终是历史谜题。

不可错过四大奇观

The unmissable four wonders

儒布

王田军 陈爱国 乔云生 张仁东 石寿颐

登泰山最不能错过的便是泰山上的四大奇观，泰山日出、云海玉盘、晚霞夕照、黄河金带，当欣赏过这些奇观后，你就会深切感受到泰山是名副其实的人间仙境。

The four wonders that you should not miss when you visit Mount Tai are the sunrise, sea of clouds, sunset glow and the golden belt of the Yellow River. After seeing these wonders, you will feel deeply that Mount Tai is a veritable fairyland on the earth.

我对泰山的向往最早源自那句"一览众山小"。常听人说，来到泰山，如果有幸看到泰山四大奇观那就太赚了。

有经验的驴友说："一定要夜爬泰山。"一直不明白为什么，自己去爬了一趟，恍然大悟。那6000多个台阶，如果白天去爬，真会被晒成"肉干"，或被游客挤成"肉饼"，所以驴友们是有智慧的，夜爬泰山是很科学的。专注地爬，一路摸黑，一股脑儿爬上去就不觉得很累了。

我一直坚信,从泰山顶上看到的日出是最美的,东方一线晨曦由灰暗变白渐变为淡黄又趋红,满天霞光与地平线上的茫茫雾气连为一体,云霞雾霭相映。

摸着黑,我终于到了山顶,虽然是夏末秋初时节,但山顶上的山风很劲,吹得身上的衣裤都鼓起来了,这时,山下租的军大衣就派上了用场。可不一会儿功夫,我还是被冻得躲在一块巨石后面,在这里风吹不到又能看到东方。我抬眼望去,东方有些微白且集聚着众多的云和雾,层层叠叠。低眼向下望,万丈深渊里填满了浓浓的云雾。呼啸的山风似乎还不满足,不断吹动云雾向东方奔去。漫天的云雾,仿佛刻意要把太阳的光芒挡住。这阵势,很有点不达目的不罢休的意味。

它们有些得逞了。东方尽管变得很白,但想象中的晨曦、漫天的霞光、渐渐升起的太阳一直被云雾挡着,不见踪影。我有些失望,看日出的人们都有些失望,有人离开了,但大部分的人都坚持等待着,毕竟也是爬了一夜山路,怎么能轻言放弃呢。

忽然,厚云浓雾笼罩的东方有一条缝隙突然明亮起来。终于有一道霞光冲破重重雾障,强行在云雾中打开了一扇窗户。透过这扇窗户,我看到了一小片天蓝和镶嵌在云雾边的金光。霞光中,大片的云雾立刻臣服,伏首在霞光的脚下,无力地涌动着。人们发出了一阵惊喜的呼喊。但是,余音还未散,一阵狂风,立即送去一大片云雾,又将霞光遮住。刚才还臣服的云和雾重又翻腾雀跃起来。人们无可奈何地发出一声叹息:"唉!"

之后，那万道霞光、旭日东升的美丽场景，终因云雾太浓太重没有显现。等待，失望。再等待，再失望。云雾始终笼罩着泰山，久久没有散去。

不过，我们不必失望，也别为此扫了欣赏美景的雅兴，因为另一番美景其实已经悄悄地展现在游客的面前了。在夏秋之际，云层很厚，群峰如黛，像极了一幅山水画。当人们在高山之巅俯瞰云层时，如临于大海之滨，波起峰涌，浪花飞溅。是啊，我们虽没有看到期待的日出，但有幸看到了泰山另一奇观"云海"。

听一同爬山的游客说，如果运气好，等到傍晚时分，当夕阳西下的时候，漫步泰山极顶，仰望西天还可以看到晚霞夕照、黄河金带的奇观，那也是泰山的奇景。

"为了能使登泰山者充分领略和享受这一奇观美景，就必须选择恰当的旅游时机，应该说秋季最好。" 有经验的游客说，

因为这时风和日丽,天高云淡,大雨之后,残云萦绕,尘埃绝少。你尽可放目四野,呼吸着大自然给予的满满负氧离子,饱览"江山如此多娇"的秀容美貌。

光听游客们说,我就觉得这风景美极了,虽然这次并没看到泰山日出、夕阳和黄河金带,但我看到了梦幻的云海。可正是这留下的遗憾,也成功"诱惑"了我下一次的泰山之行。因为,我想这些一定都是值得再来一次泰山的美景。

封禅大典演绎了中华民族兴衰更替的历史故事,真实再现了古代五朝的政治生活特征、社会文化特征和帝王封禅场景。

The grand ceremony of Fengshan Sacrifices tells the historical stories of the rise and decline of the Chinese nation and reproduces the political life, social and cultural characteristics, and the spectacle of the Fengshan Sacrifice rites over five dynasties.

A glimpse of the imperial blessing ceremony

观五朝六帝祈福盛典

✏ 天空　📷 贾立海　毕冉

秦朝的金戈铁马，汉代的儒风雅乐、盛唐的万国朝冕、北宋的艺术情怀、清朝的民族融合……80分钟的实景演出，带领人们穿越古今，五朝六帝泰山祈福盛典演出，带给观众们震撼的视觉感受。

这就是位于泰山天烛峰的大型实景演出《中华泰山·封禅大典》，在短短的80分钟内，500名演员，5000套服装，穿越中国5000年的历史时空，演绎了中华民族兴衰更替的历史故事，真实再现了古代五朝的政治生活特征、社会文化特征和帝王封禅场景。

演出灵感来源于历代帝王到泰山举办的封禅大典。**泰山封禅是历代帝王炫耀显赫业绩的政治大典，曾经让很多皇帝心驰神往，在上古传说中有72位帝王来过泰山封禅祭祀，不过真正记入史册的只有秦以后的12位皇帝。**他们在泰山上铭功颂德、扬名显号，也因此给泰山留下了许多惊心动魄而又耐人寻味的故事。其中秦、汉、唐、宋、清五个朝代的封禅祭祀故事最有说头。随着时代的变迁，历史的烟云已经消散，帝王封禅盛大的仪式、华丽的场面，都已渐行渐远。每当和各地游客朋友提起泰山封禅时，这个无以伦比的旷世大典总会让人心驰神往，随之就会生出一种不得一见的遗憾。

《中华泰山·封禅大典》是山东省政府打造山东旅游精品的重点项目，由泰安市委、市政府招商引资，邀请中国大型山水实景演出创始人——梅帅元先生及其制作团队在泰山自然与文化双遗产的基础上，通过古代帝王对泰山封禅、祈福活动的艺术提炼，呈现秦、汉、唐、宋、清五朝六帝封禅祭祀泰山时的祈福场景，打造出一台气势磅礴具有中华民族核心精神的商业演出。演出以泰山的封禅历史及中华五朝文化为创作背景，除了表现帝王君临泰山封禅的场景之外，更以浓墨重彩表现帝王登临泰山的背景以及每一个朝代的特征。

实景演出的舞台依泰山山势而建，自然天成的雄奇险秀山水实景为封禅大典剧场营造了无与伦比的宏伟气势。整个场地呈V字型，舞台最高点为27米，观众席最高为16.5米，观众席与舞台之间形成45度的独特仰视观看视角。坐在剧场内仰望，周围是隐隐青山、观众席右侧溪水潺潺，花香虫鸣，月夜星空下，山风徐徐。

作为世界上迄今为止第一个将中国五朝帝王祭祀泰山的故事集中在一个舞台上加以展示的文化产品，封禅大典演出用先进技术和美轮美奂的山水实景舞台的搭配，为观众奉上了一场视听盛宴，也带来了一次完美的祈福遂愿之旅。

Coming-of-age ceremony on Mount Tai

有一种成长在泰山

✍ 之蓝 📷 杨国庆

"我宣誓：从今天开始，以诚信对他人，以孝心对父母……"身着传统服装的学生，右手握拳举起，面向大山，大声喊出成人的誓言。

"I swear: from now on, I will be honest to other people, be filial to my parents..." students in traditional costume shouted out their vows, raising their fists and facing Mount Tai.

到泰山游玩，经常会在山顶的大观峰处看到一群身着传统服装的学生，右手握拳举起，面向大山，大声喊出成人的誓言。这是中华泰山成人礼的现场，参加成人礼的学子们来自全国各地，18岁的他们还未走出校门，但他们一步步从中路盘道登上泰山，践行着"登山必自"的誓言，稚嫩的脸庞上满是坚毅。

成人礼是在少男少女达到成人年龄时举行的象征迈向成人阶段的仪式。世界各国都有各式各样的成人礼。中国古代的成人礼指冠礼和笄礼，这个传统从西周一直延续到明朝：男子满20岁时行冠礼，即加冠，表示其已成人，被族群承认，之后可以娶妻；女子则是在满15岁后行笄礼，及笄之后可以嫁人。

发展到现代，18岁作为成人年龄，举行"成人礼"标志着青少年时代结束，正式成人。为深入挖掘泰山历史文化，利用泰山文化中积极有益的成分，引导年青人树立正确的人生观、价值观，明确成人的社会责任和义务，加强公民意识，同时将旅游与文化相结合，丰富泰山旅游产品内涵，提升泰山旅游竞争力，泰山景区联合原山东省旅游局于2009年8月策划推出了"中华泰山成人礼"主题旅游活动，主要面向高校、高中十六岁以上适龄青年及其家长。

"攀登泰山——砺志为峰""十八岁，我成年。十八盘，我登攀""泰山见证成年，攀登成就辉煌"……不同于古代的成人礼，中华泰山成人礼以登山为开始，宣誓成人、领取成人证书为结束，通过登山来锻炼青少年的意志，鼓励他们要树立远大的理想和抱负，不怕吃苦、克服困难、勇往直前、勇攀高峰，登上山顶之后在高山之巅感受胜利的喜悦。

多年来，中华泰山成人礼已经成为泰山景区旅游的一个知名品牌，得到了众多旅游企业、青少年学子的高度认可，也已经成了海峡两岸文化交流的桥梁。

Meet at the top of Mount Tai

"触石而出,肤寸而合",这是古人在两千多年前对泰山云海发出的惊叹。旭日东升,既是一幅瑰丽的画卷,又是生命的肇始,生命的向往,生命的蓬勃,生命的礼赞。自然的泰山,彰显着自然的神奇。文化的泰山,印证着文化的神圣。

东岳泰山享有"五岳独尊"的殊荣,是东方华夏文化的象征。它的雄伟壮丽,与黄河一起齐名于天下。泰山自古为历代帝王封禅告祭之名山,也为历代文人墨客、达官贵人所仰止。他们纷至沓来,朝山揽胜,赋诗撰文,树碑立传,以图永存。

泰山国际登山节于每年的9月6日举办。这个季节的泰山秋高气爽,风景秀丽,加上泰安交通方便,更使之成为国内近年来具有较高知名度的一个大型旅游节日。从1987年9月举办第一届泰山国际登山节以来,每年举办一次,来自世

绿水青山 跑泰马

✎ 刘自锐
📷 陈阳 赵文文

Run the Mount Tai International Marathon among green hills and clear waters

　　人生必须要有一次跑马拉松的经历，相信很多人都梦想着有朝一日能奔跑在赛道上，体验马拉松的激情与魅力。

　　You must run a marathon once in your life. Many people dream of running a whole marathon one day to experience its passion and charm.

人生必须要有一次跑马拉松的经历,在跑马拉松的过程中意志会一直在放弃、坚持中徘徊。当你一直不放弃,坚持跑完时,我要欢呼,不是为了终点而欢呼,而是为了过程而欢呼。泰山国际马拉松赛作为一场规格高、参与人员多、时间跨度长的大型赛事,在中国马拉松领域有着很高的声誉。

泰山国际马拉松赛比赛线路设在泰安市多年精心打造的"城市名片"——泰安环山路观光沿线,沿途景色优美,山青水秀,风景宜人,被国内外马拉松选手誉为"最美、最具挑战性的赛道""最美马拉松赛道"。泰山国际马拉松赛组委会对泰马赛道进行了升级优化,在"青山绿水"元素基础上,融入了"城市文化"主题,不仅有秀丽的自然景观,沿途还能看到很多老城名胜古迹,在赛场上,就能领略多彩风光,简直棒极了!

泰山国际马拉松赛更侧重"文化办赛",身着56个民族特色服饰的志愿者团队,分布在赛道沿线,举牌为运动员加油助威。同时,还有经过专业培训的国内超模团队参与赛道服务。组委会邀请到国内知名设计师对赛事奖牌进行了专业设计,将极具泰山特色的"泰山三宝"之一的"温凉玉圭"这一泰山元素融入到完赛奖牌设计中。

泰山国际马拉松赛组委会专门为运动员设计了比赛T恤,颜色为紫色,取泰山元素"紫气东来",寓意吉祥,国泰民安。

"一览众山小",

成为仁者乐山的绝唱。

诗圣杜甫,以一首《望岳》,

跻身于唐诗之顶峰;

"天门一长啸,万里清风来。"

诗仙李白,则给泰山平添了智者乐水的空灵。

这儿是**精神和文艺的源泉**,

这儿也成就了无数名人墨客。

Du Fu reached the summit in the creation of poetry in the Tang Dynasty with his famous *Gazing on Mount Tai*, while Li Bai's verses added some ethereal flavor to Mount Tai. This place has been the source of spirit, literature and art; this place has created countless renowned literati and scholars.

第三章 Three

山城代有才人出

Each age brings forth new geniuses in Tai'an

柳下惠为何称"和圣"?

The sage of Liu-xia Hui

姜婷

山东出圣人,至圣孔子,亚圣孟子……而泰安还出过一位"和圣"柳下惠,**孟子赞曰:"柳下惠,圣之和者也。"故世称"和圣"**。

柳下惠,姓展,名获,字子禽,又字季,春秋时期鲁国人,因食邑于柳下而得名。其祖为周公后裔,其父展无骇为鲁国先朝司空。展禽所居的柳下,即今济南市平阴县孝直镇展洼村一带。展洼村,位于济南的平阴、泰安的东平和肥城三县交界处。春秋时此地为齐鲁交界处,现为泰安、济南两市相交处,自古土地肥沃,粮丰水足,有平阴"第一粮仓"之美称。

提起柳下惠,最脍炙人口的莫过于他"坐怀不乱"的故事,相传春秋时期,柳下惠26岁,冬季的一天,他外出访友,因路途比较远,回来时天色已晚,城门早已关门落锁,进不去城他就只好在城门外过夜。到了夜里二更时分,冷风嗖嗖,寒气逼人,柳下惠寻见一处破庙,急忙躲进庙里避风取暖。当他走进庙里时,看见一贫家少女,衣着单薄,被冻得昏迷不醒,躺在地上。柳下惠害怕该女子被冻死,就解开上衣把女子揽在怀里,用自己的身体温暖冻僵的少女。俩人整整坐了一夜,直到天亮,没有发生任何非礼的行为。后世传说这一女子是观音菩萨的化身,是来试探柳下惠的。柳下惠纯洁、善良的高尚美德,被后人一直传颂至今。

而关于柳下惠高尚品德和智慧才能的传说远不止于此,传说鲁僖公二十五年,鲁国大旱,庄稼都枯死了,军民都吃不饱,齐国趁机出兵攻打鲁国。鲁僖公召集众多大臣到廷堂商议退兵计策。结果众大臣无计可施,无人敢带兵抗敌。鲁僖公面带难色,这时,身边侍从对鲁僖公说:"展禽文武全才,可退齐兵,可惜已罢黜在家,恐怕难以请出,展禽的弟弟展喜在朝为官,可请展喜回家请展禽抗齐。"接着,鲁僖公便派展喜回家请展禽。但展禽称病不出,只授计于展喜。展喜依计而行,首先劝鲁僖公放下架子,摆出追求和平,不愿战争的态度。接着展喜来到齐鲁边境,见到齐国军队,先送上牛羊、玉帛、陈酒等礼物,再重申周天子的命令,责备齐国没有遵守齐鲁两国先主早已签署的互不侵犯的和平约定,以周天子之命抗却齐国军队,义正辞严。继而再称颂齐国先主,寄和平之厚望于孝公,措辞委婉,语气平和。结果,经展喜一说,齐孝公一看鲁国力主和平有诚意,且从犒赏齐师猜测鲁国定早有准备,即使硬攻,也未必能胜,只好退兵而去。展禽这次授计展喜不战而屈人之兵之事在鲁国传出后,更是名声大噪。甚至在他死后,都有他变作小白龙奉玉帝旨去黑龙江大战黑龙的神话故事在山东和东北地区流传。

Friendship of Guan Zhong and Bao Shuya through the ages

高山流水轻如毛
管鲍之交传千古

✎ 刘淑红

在中国，人们常常用"管鲍之交"来形容自己与好朋友之间亲密无间、彼此信任的关系。"管鲍之交"这个成语，起源于管仲和鲍叔牙之间深厚友谊的故事，最初见于《列子·力命》："**生我者父母，知我者鲍子也。此世称管鲍善交也。**"管仲和鲍叔牙之间深厚的友情，成为后世代代流传的佳话。

据记载管仲和鲍叔牙早年合伙做生意，管仲只出很少的本钱，分红的时候却比鲍叔牙拿更多的钱。鲍叔牙毫不计较，他知道管仲的家庭负担大；管仲帮鲍叔牙出主意办事，反而把事情办砸了，鲍叔牙也不生气，还安慰他是因为时机不好；管仲曾经做了三次官，但是每次上任不久便被罢免，鲍叔牙认为不是管仲没有才能，而是因为管仲没有碰到赏识他的人；管仲参军作战，临阵却逃跑了，鲍叔牙也没有嘲笑管仲怕死，他知道管仲是因为牵挂家里年老的母亲……这两个身份地位差别巨大的人，在最后却成了挚友，历史见证了他们的情谊，以"管鲍之交"作为对他们深厚友谊的见证。

鲍叔牙是 2700 多年前春秋时期齐国

大夫，史称鲍子、鲍叔。以知人荐贤著称，鲍叔牙先在齐桓公门下处理国事，桓公想任鲍叔牙为相，鲍叔牙却极力举荐管仲为相，位在己上。两个人同心辅政，始终如一，使得齐国由乱转治，由弱变强，齐桓公也成了春秋时期的第一个霸主。

鲍叔牙的所作所为表现了他的仁人胸怀和高风亮节，感动了齐国人，史载：天下人不称道管仲的贤能，而称道鲍叔牙的明眼识人和举贤荐能。

管仲曾言："生我者父母，知我者鲍叔！"所以古今说知心结交，必曰"管鲍"。

今天，鲍子已去，风骨仍存。鲍叔牙是鲁国平阳人，今山东省泰安新泰市汶南镇南鲍村人。相传南鲍村为春秋时期鲍氏立村，所以称"鲍叔牙故里"。鲍叔牙墓葬位于南鲍村东，现墓址尚存。

古人不见今时月，今月曾经照古人。"管鲍"的故事在当地仍广为流传，现村里许多住户的门楼上还高悬着"管鲍遗风"的匾额。鲍庄附近曾有"管鲍分金处"遗迹，记录着管鲍之交的佳话。

Master Qiu Ming wrote the Tso Chuan

丘明先生写春秋

✎ 冯伟

左丘明是春秋末期伟大的史学家、文学家、思想家、政治家，著有《左传》《国语》两部伟大的历史巨著。 中国先秦史学会会长宋镇豪说："没有《左传》，先秦文化就是一片荒芜；没有《左传》，就没有司马迁的《史记》。"

左丘明晚年辞官回到了故乡都君庄，也就是今天肥城市石横镇的东衡鱼村。在肥城白云山的德园，有左丘明和孔子坐而论道的塑像。

子曰："巧言、令色、足恭，左丘明耻之，丘亦耻之；匿怨而友其人，左丘明耻之，丘亦耻之。"《论语·公冶长》里的这两句话，说明孔子和左丘明有共同的是非标准和价值观，他们都追求做人正直坦率、客观公正。

《孔子家语·观周》说："孔子将修《春秋》，与左丘明乘如周，观书于周史。归而修《春秋》之经，丘明为之传，共为表里。"孔子逝世后，左丘明为使孔子所著《春秋》流传后世，遂作传释经。这就是《左传》，又叫《左氏春秋传》。因此，司马迁称左丘明为"鲁君子"。左丘明不同于孔子的"笔削春秋"，而是秉笔直书、据实治史，不为尊者讳、长者讳、亲者讳，由此可见他实事求是的道德品格和治学精神。

《汉书·古今人表》将左丘明列入上中仁人，西晋杜预誉其为"素臣"。唐太宗封其为"经师"，宋真宗封其为"瑕丘伯"，宋徽宗封其为"中都伯"，明嘉靖帝封其为"先儒"，明崇祯帝封其为"先贤"。历代文人凭吊感怀，赋诗作文，前赴后继；古今学者研究探索，著书立说，绵延不衰。

相传，左丘明回乡时曾拉回两车竹简，并带回一棵银杏树苗和一捆桑苗。前衡鱼村有左丘明桑园遗址，还有一个加工谷米用的大石碾子，相传也为左丘明所留。东衡鱼村东面不远的大寺村西口，一棵古老的银杏树历经沧桑，依然挺拔。当地至今流传着"先有银杏树，后有丘明墓"的说法。

银杏树也叫白果树。相传，左丘明栽下这棵银杏树以后，向西射了一箭。他说，他去世以后，就埋在落箭的地方。附近的百姓都把这棵银杏树看作是神树，称作"老寿星"。以前谁家大人、孩子有个头疼脑热的，就到这棵树下烧纸、烧香许愿，然后刮点树皮、捡些落叶，拿回家去熬水喝。近年来，当地政府为了保护这棵古树，在其周围设置了铁栅栏,并派专人看护。这棵古老的银杏树已被列入山东省古树名录。

左丘明墓就在东衡鱼村的东北面。关于左丘明墓的记载,最早见于《魏书·地形志》,其"东平郡富城"之下注曰:"二汉、晋属,有富城、卞城、武强城、左丘明冢。"富城是汉代设置的县,其境域大部分在今天肥城西南部,包括东衡鱼村在内。唐《元和郡县图志》、宋《太平寰宇记》、明《大明一统志》、清《山东通志·古迹志》《肥城县志》都有左丘明墓在肥城的相关记载。清代著名学者俞正燮更是认定:左丘明墓就在肥城!

传左丘明的先祖是姜太公,太公的第三个儿子印,住在营丘,就以地为氏,改姓丘。印的后人因避齐国内乱,奔到楚国做了左史官,并以官为氏,又改姓左。后来,楚国又发生了内乱,左丘明的父亲就到了鲁国,做了鲁太史。后来,左丘明继承父职,也做了鲁太史。算起来,左丘明是姜太公的第二十一代孙。

衡鱼村左丘明的后裔一直在这里守墓、祭祀,并且历代有家谱流传。

如今,肥城在发掘整理传承左丘明文化遗产的同时,还有以左丘明命名的中学和小学,逐步把君子文化普及到校园。在左丘明故里的石横中学,有一个左丘明文化陈列馆,里面展出了与左丘明及其后裔有关的文献文物数百件。其中,清代乾隆皇帝御赐的"经臣史祖"木匾,曾经悬挂于左丘明祠。

"建安七子"文章之圣

The seven leading writers of the Jian'an period

✎ 韩蓓蓓

宁阳县城东 15 公里处葛石镇境内,有一座山,名唤神童山,据说自商周以来,神童山周围曾陆续出现过"七太傅""六尚书""五上将""四太保"等贤卿名相。此山北依汶河,南临曲阜,与彩山遥遥相望,在民俗信仰中,神童山是一座神山,为"混沌之脐"。**"混沌脐、元气聚、上生天,下生炮,中生神童"**,更有**"一代英才天降神童于斯地,八面紫光地蕴灵气赋此山"**的说法,让人颇为惊叹,而被称为

"文章之圣"的刘桢便出生在神童山下。

出生于此的刘桢没有辜负神童的称号,五岁能读诗,八岁能诵《论语》《诗经》,赋文数万字。随着时间的推移,刘桢也没有泯然众人矣,反而在往后的日子里,创作出了对后世文学影响深远的文学作品。在魏、晋文学史上,刘祯与孔融、陈琳、王粲、徐干、阮瑀、应场等并称为"建安七子"。

197年,十七岁的刘桢为避兵乱,随母兄躲至许昌,在驿馆中结识曹植。"千里马遇伯乐",子建被刘桢的饱学所折服,为进一步深层密交,将其请到丞相府,日夜解文作赋,志同道合,关系日笃。

刘桢成年之后,希望际遇明君,施展自己的政治抱负。而当时汉末政治黑暗、社会动荡,据拥北方的曹操广揽天下文学之士,刘祯便被征召至曹操麾下,与当下有志之士齐聚邺城,形成以曹氏父子为首的文学集团,当时创作的诗文大多描写汉末动乱的社会现实,抒发统一、治国的豪情壮志,慷慨多气,悲凉豪壮,形成"建安风骨"。而刘桢是建安文学集团的重要成员,与曹氏关系密切,投曹之初,常与曹操、曹植吟诗作赋,对酒欢歌,深得曹氏父子喜爱,十九岁时便被任命为丞相掾属,追随曹操南征北讨,参谋军机,后曾任平原侯庶子、五官中郎将文学。

刘桢创作以诗歌见长,其五言诗颇负盛名,今存诗歌有十五首。"亭亭山上松,瑟瑟谷中风。风声一何盛,松枝一何劲。冰霜正惨惨,终岁常端正。岂不罹凝寒,松柏有本性。"因行文才思敏捷,与曹植齐名,后人将他与曹植并称"曹刘"。钟嵘的《诗品序》说:"曹公父子,笃好斯文;平原兄弟郁为文栋,刘桢、王粲为其羽翼。"可见,刘桢文学创作的贡献之大。

除诗歌之外,刘桢的赋文风格独特,气势激宕,不假雕琢而格调颇高,讥讽时事,咏物抒情,一改粉饰太平的世俗,以清新的笔调,朴实的语言,描写家乡的风土人情和优美的自然风光,实现了汉赋内容由宫廷向社会、由帝王向平民的转变。篇幅也由长篇宏制转向短小精粹,为以后的文学发展开创了先河。同王粲合称"刘王",为"建安七子"中的佼佼者。

Weeping in front of Yang Hu's tombstone

羊公碑字在 读罢泪沾襟

郝亚松

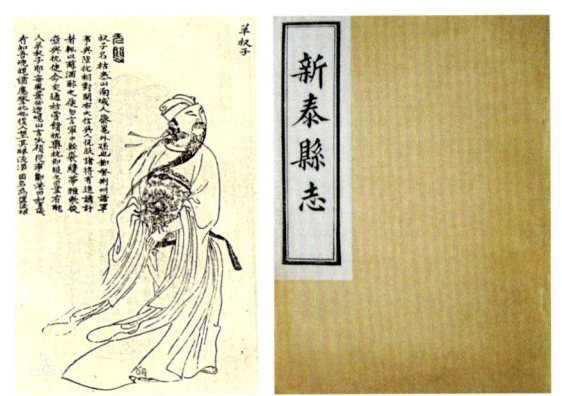

　　《延禧攻略》《步步惊心》等宫廷剧演绎出了后宫中勾心斗角、争风吃醋、相互算计的人物情感纠葛和政治权力倾轧，剧情或悲惨或励志。与其种种相比，西晋时期泰山南城羊氏的羊献容入宫后六年间被五废五立，必包含着更多跌宕起伏的神秘故事。虽然那段扣人心弦的后宫秘闻已被历史的尘埃掩盖，但羊氏一族"九世太守""两宫皇后"的美名仍在历史上留下了浓墨重彩的一笔。

　　"**人事有代谢，往来成古今。江山留胜迹，我辈复登临。水落鱼梁浅，天寒梦泽深。羊公碑字在，读罢泪沾襟。**"孟浩然的这首《与诸子登岘山》特别出名，诗中所说的"羊公"，正是泰安新泰羊氏羊祜。当年羊祜镇守襄阳，常游于岘山，死后，襄阳百姓在此为他建碑立庙，每逢时节，都来祭拜,睹碑生情,无不流泪,羊祜的继任者、西晋名臣杜预便把这块碑命名为"堕泪碑"。

羊祜是谁?他是晋初重臣,是被晋武帝拜为征南的大将军,是灭吴战争的策划者。羊祜,字叔子,是东汉大儒蔡邕的外孙,史籍记载言其"世吏二千石,至祜九世"。其中"两千石"是就俸禄而言,代指太守。按字面意思,羊家九代为太守,其实,"九世"是个虚数,一般指几代,史籍上存名的主要有两位:羊祜祖辈羊续任南阳太守,父亲羊衜曾经做过上党太守。

羊祜的姐姐羊徽瑜是其家族的第一个皇后,她嫁给了司马懿的长子司马师为妻。司马师是灭曹立晋的功臣,司马炎称帝后,追封已故伯父司马师为景献皇帝,健在的羊徽瑜被尊为弘训太后。羊徽瑜的父亲羊衜是曹魏时期任上党太守。母亲则是东汉大学者蔡邕的女儿,与蔡文姬是亲姐妹。

另一皇后叫羊献容。当代学者周郢考察羊氏家谱,认为羊徽瑜之父羊衜与羊献容曾祖父羊耽同为羊续之子,羊献容应称羊徽瑜姑奶奶。史料没有羊献容

生卒年代及寿龄的准确记载,据推测,羊献容应生于2世纪80年代中期,比姑奶奶皇后小约七八旬。六年间被五废五立,且险被赐死,遍览几千年封建华夏史,可以说,羊献容是入宫后经历最为坎坷的一位皇后。

羊氏一族在魏晋时期可谓名门望族,这个"太守世家"虽然手握权力,家风却格外清廉淳正,是后世楷模。历史对羊徽瑜的评价颇高,旧《新泰县志》称其"贤后",《晋书》上称其"聪敏有才行"。有女入宫,娘家自然受惠,这是一个通则,史书上也确有羊氏家族"因羊徽瑜而显赫"之句,所有资料没有羊后弄权或羊姓外戚干政的相关记录。羊祜被郭奕,也就是《三国演义》曹操帐下第一谋士郭嘉的儿子,称为当代的颜回。

The eminent monk Seng Lang
preached on Mount Tai

一代高僧 泰山传法

◎ 徐子喻

　　两汉之际佛教开始传入中国，汉代佛教的传播区域以洛阳为中心，首先扩展到徐淮一带。山东是古代齐鲁的繁荣地区，盛行黄老学说，相信方术和道仙的人很多，佛教传入之初，很多人把释迦牟尼和黄帝、老子并提，视为同类的神，把佛教也看成是一种神仙方术，所以山东充分具备了传播佛教的条件，地处山东中部的泰山一带，也就成为佛教传入较早的地区之一。

　　佛教是一种外来的宗教，要想在泰安这块土地上扎根，不但要同中国封建社会的经济基础相适应，还必须同中国固有的哲学和宗教思想相融合。东汉末年，外来的僧人增多，译出不少佛经。魏晋南北朝时期，由于社会动荡不安、民不聊生，人们把宗教作为精神寄托，容易接受佛教关于彼岸世界的宣传，当时的统治者又极力

戒行明严，华我敬异，名德相副
泰山之苦，难可想见
山东佛教第一人

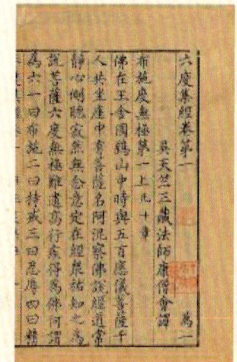
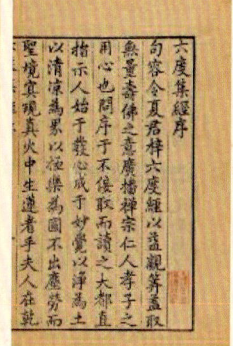
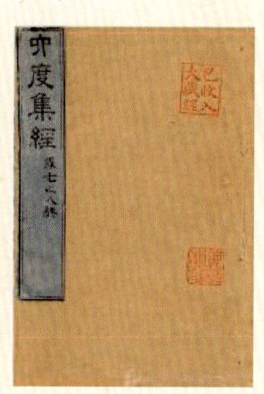

扶植，于是佛教逐渐兴盛起来。

魏晋南北朝时期，是佛教在中国的初步发展时期。在此期间，中国本土涌现了一批著名的僧人，泰山僧朗就是其中之一。

泰山高僧僧朗自351年移卜泰山，在泰山传法达50余年，且一直未离开泰山半步。僧朗与泰山名道张忠相处达20余年，于376—383年间创建了泰山第一所寺院，并组建了僧团。僧朗以高深的佛学修养而声名远扬，前秦苻坚、东晋司马曜、后燕慕容垂、北魏拓拔圭、后秦姚兴、南燕慕容德先后致书僧朗，颂扬其学问，并馈赠供养物品，以示崇敬。

382年，僧朗还与同学道安、法和于泰山金舆谷设会，畅谈佛理。僧朗凭着渊博的佛学修养，"戒行明严，华我敬异""名德相副"的崇高人格魅力，为泰山佛教的创始与发展做出了开创性的贡献，无愧山东佛教第一人。

混世魔王，还是盖世英雄？

丛柏　中共泰安市委对外宣传办公室提供

Cheng Yaojin, a devil or a hero?

程咬金，一个家喻户晓的人物。可能很多人都是在小说和民间评书中了解到程咬金这个人物的，在大家的印象中他是一个使着八卦宣花斧，性格直爽、粗中有细的福将。

据说，山东省泰安市东平县斑鸠店镇是程咬金的故里。程咬金的绝技就是梦中学会的三板斧："劈脑袋""鬼剔牙""掏耳朵"。"程咬金三板斧""半路杀出个程咬金"等谚语的传播，更是说明了大家对于程咬金的喜爱。

说起程咬金，我们就会想起他的那把大斧头，程咬金以贩卖私盐起家，劫皇纲扬名，三斧定瓦岗，单身探地穴，被众人拥立为"混世魔王"。投靠唐朝后，凭借着三板斧和极佳的运气，屡立功勋。

其实程咬金远不是我们记忆中的"大老粗"。据墓志记载，从程咬金的曾祖父到其父亲，都是北齐的官员。其父程娄，任北齐济州大中正，"大中正"相当于今天组织部中的官职，负责官员的选拔和考察，这个职务历来是给地方豪族留着的。那么，贵族子弟出身的他为啥又取了"咬金"这么个俗气的名字呢？有人猜测，咬金可能是他的乳名，可能考虑到这个带点痞气的名字更容易和手下打成一片吧。后来,他成了带兵大将，就改成"程知节"这样高大上的名字了。

程咬金墓作为陪葬陵在唐太宗李世民的昭陵中，那个时代死后能够与皇帝葬在一起这是天大的荣誉啊，足以看出程咬金并非本事平平。相传他投靠李世民后，每逢出征，常常举旗先登，屡建战功，其勇猛程度仅次于尉迟恭。李世民对其也是格外看重。

李白隐居徂徕山

刘淑红 乔云生 刘国庆

Li Bai lived in seclusion on Culai Mountain

"五岳寻仙不辞远，一生好入名山游"的唐朝大诗人李白，堪称中国诗坛第一人。他先后定居于四川江油青莲乡、湖北安陆等地，在长安求职失败后，曾于开元二十四年（736年）携夫人许氏、女儿平阳，举家东迁，不远千里来到相对偏远的山东泰安，与孔巢父、韩准、裴政、陶沔、张叔明等人隐居徂徕山，人称"竹溪六逸"。李白把徂徕山作为改变人生命运，实现人生理想和抱负的一个新起点。

徂徕山，位于新泰市西部，与岱岳区毗邻，西北距五岳之首的泰山20余公里，南距鲁国故城曲阜30余公里。主峰太平顶，海拔1027米，有大小峰峦97座，绵延近百里。**山体突兀峻拔，峰峦嵯峨，沟谷幽深，溪流遍布，松竹相映。**"徂徕之松，新甫之柏"，孔子曾在《诗经》中对徂徕山的美丽景色特别是对山上松柏的高贵品质赞叹不已。

徂徕山上历史遗迹众多，人文景观丰富。相传吴王伐齐鲁时曾在山中驻军扎营，老子、孔子也在此山上见过面。徂徕山又是道教、佛教圣地，有四禅寺、光华寺、二圣宫、吕祖阁、大悲庵、隐仙观等十几处祠庵庙宇。

在徂徕山隐居期间，李白并不像真正的隐士一样天天困守于山林之中，而是依然天马行空般地游名山，遍访名士，

畅谈自己的人生理想和远大抱负,表达他的"一鸣惊人,一飞冲天""大鹏一日同风起,扶摇直上九万里"的雄心壮志。天宝元年(742年)初秋,李白第三次到泰山南麓的徂徕山隐居,并游历泰山,踏着当年唐玄宗封禅泰山的足迹,写下了游泰山诗六首。这些诗以超尘出世、仙境神话般的描绘,突出表现了诗人飘逸不群、自由无羁、追求解放的个性,为齐鲁山水增添了一抹奇逸迷人的色彩。

李白隐居徂徕山并以徂徕山为中心周游齐鲁各地名胜、遍访名人名士、高歌风物人情的种种努力,终于等来了好的结果。天宝元年秋末,由于唐玄宗的妹妹玉真公主、道士吴筠、诗人贺知章等人的联合荐引,李白终于被征召入京。正从徂徕山南下漫游至南陵的李白踌躇满志,写下了堪称天下第一快诗的《南陵别儿童入京》,"仰天大笑出门去,我辈岂是蓬蒿人"!从此,李白终于实现了自己的人生理想,开始了

一条短暂却又令天下读书人扬眉吐气,并注定要载入史册的坎坷仕途之路。但这位"一生傲岸苦不谐"的诗人很快就遭到了宫廷权贵们的忌恨和谗毁。天宝三载春,在朝中任职只有一年多的李白被玄宗赐金还山。

李白一生中唯一的一次大起大落的从政经历使他对社会的复杂有了许多新的认识,从此他寄情于山水之间,但也不忘忧国忧民。他也时常怀念在徂徕山中的隐居生活和与众多良朋诗友纵酒酣歌、啸傲泉石的日子。他在《送韩准裴政孔巢父还山》中说:"昨宵梦里还,云弄竹溪月。今晨鲁东门,帐饮与君别。"其人其事,其情其景,其梦其思,无不令人神往。

天宝四年,杜甫离开山东到咸阳去,李白在鲁郡石门宴别杜甫:"醉别复几日,登临遍池台。何时石门路,重有金樽开。秋波落泗水,海色明徂徕。飞蓬各自运,且尽手中杯。"诗中深情回忆了与杜甫畅游齐鲁特别是秋游泗水、春醉徂徕的快乐时光。自此离别后,李、杜再未相见,唯有以诗聊寄思念之情。

在徂徕山下的沙丘城闲居时,李白更加思念杜甫,作《沙丘城下寄杜甫》:"鲁酒不可醉,齐歌空复情。思君若汶水,浩荡寄南征。"写思念之情犹如徂徕山下的汶水长流不息,纵有鲁酒也不能忘情,纵有齐歌也不足以佐欢,其真挚情谊可见一斑。

山不在高,有仙则名。徂徕山的美丽和神秘成就了李白从山中隐士到朝中要员"不鸣则已,一鸣惊人"的巨大转变,成就了李白虽然短暂但却值得骄傲的人生精彩。而"诗仙"李白的隐居生活却为徂徕山凭添了许多诗意和灵气,从而使徂徕山因李白的到来而名扬天下。

妙手仁心 奠定宋朝"儿科之圣"

Qian Yi, originator of pediatrics

韩蓓蓓

现代医院一般大体上分为内科、外科、专科、非临床，每科再详细划分，基本就形成了目前的划分体系。如果我问你"哑科"是属于哪一科的，恐怕你听都没有听过。口腔科？呼吸内科？都不是，"哑科"是古代医学里的儿科。为什么称之为"哑科"？这是因为古代医学讲究的"望闻问切"，到了小孩这儿实行起来十分困难，从一个不晓事的小孩这儿得到有用的信息实在太难，更不用说据此治病了。即便是在"哑"的限制下，儿科依然发展了起来，这时候我们就要提到一个人，"儿科之圣"——钱乙。

钱乙撰写的《小儿药证直诀》是我国现存的第一部儿科专著，它第一次系统地总结了小儿的辨证施治法，使儿科自此发展成为一门独立的学科。

钱乙，字仲阳。生于公元1032年，卒于公元1113年，他有宗属关系，祖籍浙江钱塘，后祖父北迁，遂为东平郓州（今山东郓城县）人。钱乙是自出生起便与医学有了不解之缘，他的父亲钱颖医术了得，却偏好饮酒、旅游，在他三岁时，父亲去东海游玩便再也没有回来，他的母亲在那以前就已经去世了。当你觉得钱乙与医学的关系可能就此中断时，钱乙的姑妈出现了。她出嫁给姓吕的人，因为可怜他是孤儿，就把他收为义子。而这位姓吕的人的职业是医生，吕医生便长期教钱乙学习医术，给钱乙打下了坚实的医学基础。

钱乙一生将自己的全副心神都放到了儿科上，专心探究，最终成为"儿科之父"。他创造了"面上证"与"目内证"两种特殊的观察方法，在给小儿治病的时候，多以面上五官结合其他为依据，看病下药。他说，从眼睛看小儿的病症，"赤者，心热。淡红者，心虚热。青者，肝热。黄者，脾热。无精光者，肾虚"。

他还善于依据古方，创制新方，适合病情变化。钱乙最早出名就是因为他的"颅囟方"，凭此给长公主的女儿看病，从此声名大噪，被授予翰林医官院中"医学"的官职。后来又以"黄土汤"治好了皇子，受到宋神宗的召见，被提升为太医丞，赐他饰金的鱼符和紫衣。

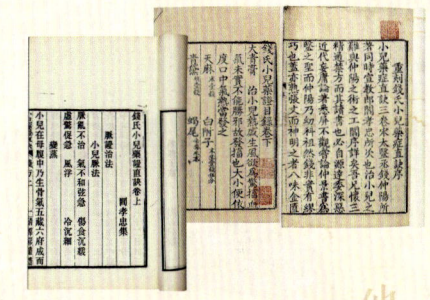

自此之后，钱乙每天都被皇亲国戚、文武大臣召见看病，忙得不可开交。

据说有一次他被一位皇亲请到家里，给皇族小儿看病。钱乙诊断之后表示，并没有什么大不了，此病不用服药都可痊愈。停顿了一下，他指着一直站在小儿身边的弟弟说，这个娃儿恐怕不久要发生令人惊恐的暴病。

一家人很是生气，觉得钱乙胡说八道。生病的没事儿，反而是健康的弟弟要得大病。他们将钱乙轰了出去。

但是没想到第二天，那个弟弟就突然发起了羊角风。家里人吓了一大跳，一下子就想到了钱乙的话，赶紧再将钱乙请来。钱乙治疗后，只三天，那孩子就痊愈了。

钱乙一生著作颇多，**有《伤寒论发微》五卷，《婴孺论》百篇，《钱氏小儿方》八卷，《小儿药证直诀》三卷，但是现在仅存《小儿药证直诀》一书。**只凭这一本书，后人就将他视为"儿科之圣""幼科之鼻祖"。钱乙在儿科方面的成就为后人称许，而且对中医辨证学、方剂学均有较大影响。他奠定了中医史上儿科的专业地位。

钱乙行医注重实践，非常同情民间百姓的疾苦，而且他还非常善于总结在行医实践中得到的经验和感受，形成规律性、理论性的东西。

钱乙博览群书，深通古代五运天气。青年时常夜宿东平王墓，观察气象，至"逾月不寐"。老年后更是手不释卷，不因医高才广而有丝毫懈怠。他这种高尚的医德和孜孜以求的治学精神，值得后人学习发扬。

望闻问切 儿科之父

他创造了"面上证"与"目内证"两种特殊的观察方法

Luo Guanzhong wrote the masterpiece

湖海散人 书写"霸业"

◎ 郝亚松

元朝末年,天下大乱,群雄并起。明人王圻在《稗史汇编》中,称罗贯中是一位"有志图王者",也就是看到天下将不免落到朱元璋手里,才不得已淡出江湖。明朝建立后,朱元璋为了巩固自己的地位,曾令各行省连试三年。

传说是历史的影子。在泰安东平当地人的口口相传中,罗贯中出生于东平罗姓大家族中,并在东平度过了青少年时期。据民间传说,罗贯中在年轻时,曾读书参加科举,与同邑状元霍希贤结为"亲如手足"的好友。由于曾与朱元璋为敌,罗贯中不得不放弃读书步入官场的机会,淡出江湖,以小说抒写其"图王"霸业之胸襟。

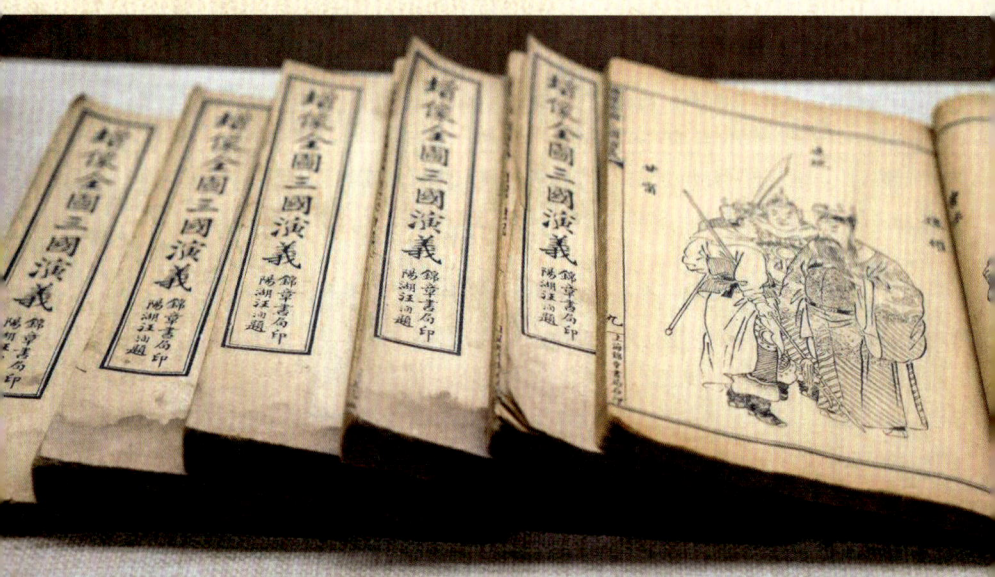

  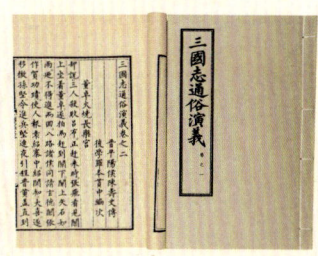 

明洪武十四年，罗贯中写出了《三遂平妖传》，此后，便一发而不可收，创作了《残唐五代史演义传》《隋唐志传》《三国志通俗演义》等著作，也和施耐庵一起编写过《水浒传》。有专家认为，罗贯中"有志图王"的早期经历与其晚年的特殊心境，是其在政治历史题材小说上取得艺术成功的关键。

罗贯中的创作才能是多方面的，他写过乐府隐语和戏曲，但以小说成就为最高。关于他的小说，《西湖游览志馀》称他"编撰小说数十种"，又相传他写过《十七史演义》。今存署名罗贯中的作品中，《三国志通俗演义》的成就最高。全书以宏大的结构描绘了三国时期复杂的政治军事斗争，起自黄巾起义，终于西晋统一。

虽然有"图王"的想法，但罗贯中的这些作品贯穿了"忠义""忠君"思想。在《三遂平妖传》中，他把农民起义军首领称之为"妖"，正面歌颂官军统帅文彦博与"三遂"；在《残唐五代史演义传》中，他立意歌颂"圣君贤相"治国安民，认为农民起义领袖是"逆天行事"；在长篇历史小说《三国演义》中，他极力宣扬正统观念，"拥刘反曹"，主张"大统一"。

罗贯中目睹了社会现实的纷争，了解人民苦难深重的生活，从事小说创作不仅是"无过于泄愤一时，取快四载"，也是为了改变当时话本艺术中存在的弊端，为民众，为说话艺人提供一个好的、方便的说话底本。其作品《三国演义》的出现，标志着我国古代小说从"话本"阶段向长篇章回体过渡的完成，揭开了我国小说发展史上崭新的一页。

Ancient Chinese innovator included into the Hall of Fame

古代革新者 入选名人堂

徐子喻

2015年,"造纸工业世界名人堂"颁奖典礼在美国威斯康星州的阿普尔顿召开,我国元代科学家王祯被列入"造纸工业世界名人堂"。他是第一位利用木活字印刷术进行大量出版的革新者,设计了转轮排字盘和按韵分类存字法,极大地推进了木活字印刷术的发展。

活字印刷的发明者公认的是北宋布衣毕昇,《梦溪笔谈》中对毕昇的泥活字制法有明确的文字记载。在毕昇之后,另一位对活字印刷术发展有重大贡献的人物当属元代的王祯。王祯(1271-1368),字伯善,元代东平(今山东省泰安市东平县)人。他任旌德县尹的6年(1295-1300)中,政仁民惠,功绩卓著,"旌德之民利赖而颂歌之"。

王祯深感传统刻版印刷费工费时,已有瓦字(泥活字)不尽如人意,乃决计改进。经过两年与刻工共同研究,设计成

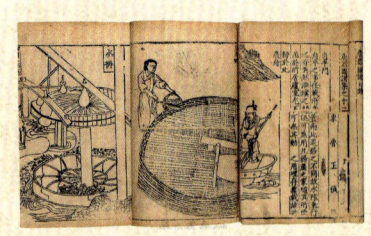

"活字板韵轮"，制作3万余枚木活字，将活字依韵排列于转轮排字架上，排版时转动轮盘，以字就人，转轮取字，省力省时。大德二年（1298年），王祯首次采用这种木活字排印他主修的6万多字的《旌德县志》，"不出一月，百部齐成"。王祯把木活字创制法、拣字排版的工艺写成《造活字印书法》，附载于《农书》之末，是世界上最早系统叙述活字印刷术的文献。

王祯在旌德任职时，集资重修县城永安桥（复名淳源桥，今俗称上市桥）、整修城中道路、修建城门；并将自己的俸禄拿出，将赡养孤寡老人的"居养院"扩建为"养济院"，规定"生给衣粮薪炭，死则并给葬具"。

《农书》卷十八："水塘，即洿池也。因地形坳下，用之潴蓄水潦，或修筑圳堰，以备灌溉田亩，兼可畜育鱼鳖，栽种莲芡。"在当时，王祯认为利用水塘地形优势，储蓄雨水量，可以贯通田间的沟渠或者修筑堤坝，以备灌溉田地，同时可以养育鱼鳖，栽种莲芡。

除此之外，王祯还亲自勘察河流，主持各地修复堤坝工程。经王祯创制改进的高筒转车、水碓、水碾等农器，在旌德和皖南山区流传数百年，至20世纪80年代仍依稀可见。王祯还注重以农治县，并在全县设立通晓农事的社长一人，专责劝农耕种，种桑、棉、麻等经济作物。

撰写《农书》是王祯这一生杰出的贡献。他出生于泰安，早年生活在北方时就留心考察黄河流域农业，任职南方皖南山区旌德后，总结南方农事经验，并着手编著《农书》。

"岂知创物利于民，唯有老农真智者"。王祯的《农书》在中国古代五大农书中是唯一全面记叙中国南北农业的科技专著，其"农器图谱"更是绝无仅有，为后世推崇备至。

《农书》问世以来，先后被收入《永乐大典》《四库全书》《武英殿聚珍版全书》和《万有文库》，并被译成几国文字流传海外。建国后，出版过排印本、校点本。附于《农书》的王祯诗作，被后人摘编为《农务集》，收入《元诗选》。

王祯离旌后，旌德县民于元至正九年（1349年）在其原"山庄"旧址建"双瑞堂"五间，以怀其功德。

欧阳中石：字如其人显真道

Ouyang Zhongshi, the style is the man

姜婷

  作为当代书坛少有的几个健在的泰斗之一，欧阳中石在书坛的地位和影响力是毋庸置疑的。他是一名学者型的书法家，还拿下了第二届"中国书法兰亭奖——终身成就奖"。

  欧阳中石，1928年生于山东泰安肥城，毕业于北京大学。很多人并不知道的是，欧阳中石早年是学京剧的，拜在京剧大师奚啸伯的门下，其京剧方面的成就应该不在书法之下。欧阳中石的书法也得名家指点，其师为书法大师吴玉如先生。欧阳中石从唐碑入于旋即转临北魏诸墓志；后亦曾涉足于篆、隶、甲骨、金文，尤于欧阳询诸碑临池最勤。多作行书，宗法二王。草书以王羲之、孙过庭为宗。书风妍婉秀美，潇洒俊逸，既有帖学之流美，又具碑学之壮大。

"字如其人",欧阳中石涉猎极广,在逻辑、国学、音韵、绘画、戏曲、文学、书法等领域都有精深的造诣。他从教多年,于基础教育、高等教育都有深入的研究与实践,桃李满天下。作为一位海内外知名的书法家,欧阳中石有着严谨治学的大学者、大书家风范。他教育他的学生要积极学习古人,要深入到传统的精华中去,学习书法要有积极探索的精神,要学会深入研究,要有刻苦钻研的精神,只有扎实地学习、研究古人,才能逐步提高自己。他告诫他们要"知其然,知其所以然,求其然而然",要能够进入历史的深处探掘其内在的精神,还应能观史而察今。他认为,之所以要学习传统中的精华——正统,是因为"正统"是传统中最有生命力的部分。他还指出,书法并不是"独立"的艺术,它是中国传统文化的一个有机组成部分,而且是一门学问,故而学习书法就不能脱离中国文化而去独立地学习,要把书法放到博大精深的中国文化中去学习、去研究。

欧阳中石平易近人、和蔼可亲。他每次应邀参加书法培训班或各种书学活动,都欣然给大家传授书法知识和书写技法,不厌其烦地教导大家要道技并修。他的书法如其为人,格调清新高雅,沉着端庄,痛快不失俊逸,古朴而又华美。观他的作品,如欣赏高山流水,又如见万马奔腾,足见他无日不临池的深厚功力和勇于创新的精神。由于他的作品为众多书法爱好者所喜爱,他已应邀出版了《欧阳中石书沈鹏诗词选》《中石夜读词钞》《当代名家楷书谱·朱子家训》《中石钞读清照词》《老子〈道德经〉》等众多作品集。

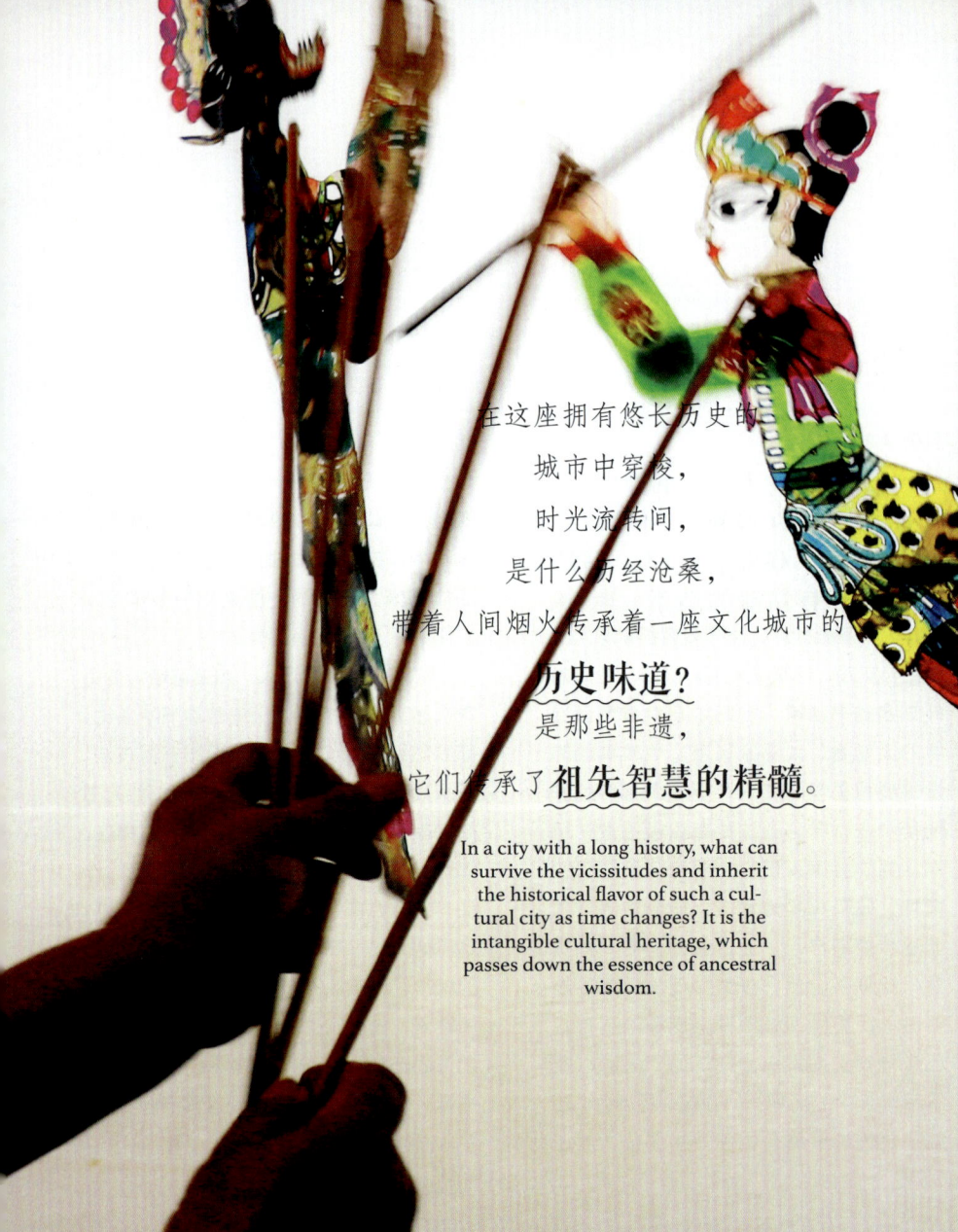

在这座拥有悠长历史的
城市中穿梭，
时光流转间，
是什么历经沧桑，
带着人间烟火传承着一座文化城市的
历史味道？
是那些非遗，
它们传承了**祖先智慧的精髓**。

In a city with a long history, what can survive the vicissitudes and inherit the historical flavor of such a cultural city as time changes? It is the intangible cultural heritage, which passes down the essence of ancestral wisdom.

第四章 Four
非遗看泰安

Intangible cultural heritage in Tai'an

范正安

这里有场天然书法展

○王玲 图○王豆山 马斌 画业芝

泰山石刻展示了多彩的泰山文化,是世界遗产的重要组成部分,具有极其重要的史学价值、书法价值、美学价值和人文价值。

Taishan stone carving, displaying the colorful Taishan culture, is an important part of the world heritage and boasts extremely significant historical, calligraphic, aesthetic and humanistic value.

自古以来，人们就有对太阳和大山的崇拜，自尧舜至秦汉，直至明清，延绵几千年，泰山成为历代帝王封禅祭天的神山。泰安因泰山而得名，取"泰山安则四海皆安"之意，寓意国泰民安。古往今来，众多文人墨客登上泰山，并在泰山上留下墨宝。小篆、隶书、楷书、行书、草书，不同的书法艺术形式在泰山上以石刻的形式保存下来。据第三次全国文物普查统计，泰山石刻共1565处，这些石刻的作者中既有唐玄宗、乾隆这样的一代帝王，也有为救亡图存大声疾呼的爱国将领。雪泥鸿爪，石刻自然成了历史与文化传承的见证。

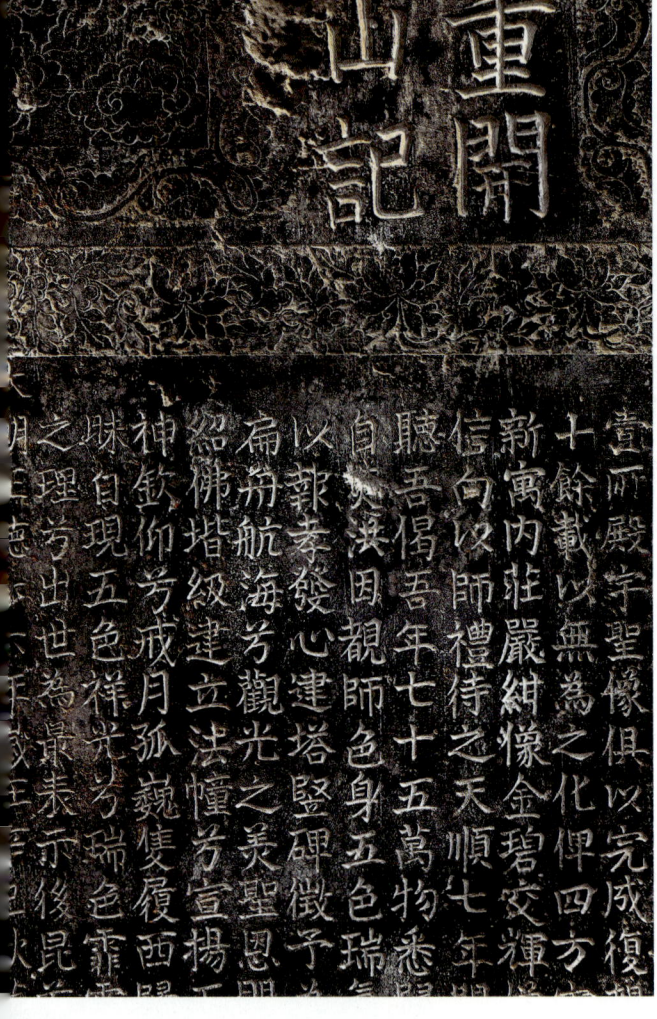

据了解,泰山石刻种类繁多,从细目上分不下30余种,但从形制上分,大致可分为石碣、石阙、碑刻、摩崖碑刻、墓志、经幢、石造像、画像石和题名题诗题记等。其中石碣的形制主要存在于秦代,汉以后则极少见,至东汉石碣已被碑刻所代替,故后人往往把碑与碣混而为一,简称"碑碣"。

目前,泰山石刻中时代最早的作品是位于岱庙东御座内的秦泰山刻石。据宋刘跂《秦篆谱序》记载,原刻铭文22行,满行12字,字径6.1厘米,现仅存二世诏书中的10个残字,被书界视为珍宝。据考证,中国最古老的刻石文字是现存于北京故宫博物院的"石鼓文",泰山的秦泰山刻石仅比其晚了百余年。东汉后期,刻石之风大兴,且多有丰碑巨制,全国现存这一时期的

115

石刻约有25处，岱庙里的"衡方碑""张迁碑"就是其中较为著名者；魏晋时期保存下来的碑刻甚少，岱庙内的"孙夫人碑"就是这一时期的遗存。晋以后的南朝亦较少刻石，但北朝由于较多地受到了外来文化的影响，佛教造像、刻经、墓志都曾盛极一时，泰山著名的经石峪金刚经就是这一时期的代表作。隋唐时期，刻石之风随着经济和社会文化的发展，进入鼎盛阶段，并形成了传统，历代不衰，一直延续到今天。

据介绍，红门登山路下起红门，上至南天门，为泰山的中轴线，也是泰山石刻数量最多的一条线路。古代帝王登封泰山，大多是沿这条路线盘桓而上，所以称为"御道"；善男信女朝山进香也是沿着这条路见庙就拜，所以又称为"神道"；文人墨客登山临水，赋诗抒怀，留下了数以千计的诗文，盘道两侧也便有了一个又一个题刻，使之成为一条"古诗之路""书法之路"。来泰山游览，一路走来，似乎是在欣赏一场天然的书法展。

明代学者钟惺在《岱记》中说："碑者,山川之眼也。"高山流水目睹了一幕幕发生在泰山的故事但不会讲述，苍松翠柏经历过无数历史也无法言表，而泰山现存的大量石刻将历朝历代发生在泰山的历史和故事传递给世人，成为最好的译者。

厚道山东人 最爱梆子戏

Shandong people love *Bangzi* opera

拾城 乔云生

山东梆子是流行于鲁西南及鲁中地区的地方戏曲剧种,其高昂激越的特点,又被称为舍命梆子腔。

Shandong *Bangzi* is a kind of local opera popular in southwest and central Shandong. It is also known as "Sheming Bangzi" because of its high and exciting singing and performance.

　　小时候最热闹的记忆莫过于老家村头唱大戏。印象里，听大戏的人中多数是老年人，奶奶最爱听的要数山东梆子了，她常说："或许老一辈的人对听戏有更多的情怀，这里面唱的都是我们那个年代的故事。"

　　山东梆子又名"高调梆子"，简称"高调""高梆"，是流行于山东省鲁西南及鲁中地区的传统地方戏曲

剧种。奶奶作为一个老梆子迷,听得可认真了,可能梆子戏唤起了他们对记忆深处穷苦日子的回忆。老人听戏的同时也与街坊邻里唠唠家常,"平时老街坊聚在一起的机会很少,趁此机会可以增进感情"。

这几年,文化惠民送戏下乡活动很多,奶奶村里又架起了戏台子,送戏下乡正如火如荼地进行着。戏台上,山东梆子演员正在演出,高亢激昂的山东梆子音乐唱腔,唱出了山东人豪迈直爽、刚正不阿的性格,演出效果十分震撼,现场赢得了乡亲们雷鸣般的掌声,也让演员感受到了观众对山东梆子的喜爱。

奶奶爱听戏,这个喜好一直延续至今,虽然腿脚不便不能常出去听戏,但每周末都会守在电视旁观看戏曲频道,这也成了她晚年生活的一大乐趣。虽然现在我长大了,奶奶变老了,但是我的记忆里却一直保留着关于小时候看大戏的那份热闹,商贩云集,大戏杂耍纷至登场,艺人绝活各献所长,戏台上精彩的演出,引得父老乡亲连连拍手称赞。

Tips

山东梆子是流行于山东省鲁西南及鲁中地区的传统地方戏曲剧种,简称"高调""高梆",又因其高昂激越的特点,被人称为"舍命梆子腔"。以济宁汶上为中心的,称为"汶上梆子"或"下路调",总称"高调",以区别于流行在鲁西南、冀南的"平调"。

逛东岳庙会 祈平安富贵

Pray for peace and wealth at Dongyue Temple Fair

在行

乔云生 张仁东 牛静涛 曲业芝

泰山东岳庙会是一种古老的传统民俗及民间宗教文化活动，从多姿多彩的民间工艺到新颖时尚的旅游商品，从祈福纳祥的拜山仪式到古代帝王的封禅大典，游客置身其中，宛如进入了民俗文化大观园。

Taishan Dongyue Temple Fair is an ancient traditional custom and folk religious cultural event. From the varieties of folk handicrafts to fashionable tourist products, from mountain worship ceremony to the imperial ceremony of Fengshan Sacrifices, you may feel as if you walked into a panoramic garden of folk culture.

泰山的风俗涉及社会各个领域，其核心即源于泰山崇拜，而影响最大的民间活动当属泰山东岳庙会。东岳庙会是由泰山崇拜所形成的一种民俗文化现象，源于泰山的进香祭祀活动，原始的动机来自"信仰"与"俗成"。

泰山庙会从产生到现在，历经上千年，不仅构成了独具特色的宗教文化景观，并且由此衍化出丰富多彩的信仰习俗。据有关学者研究，泰山东岳庙会最早可追溯至西汉，但严格意义上的泰山东岳庙会形成时间当在唐末。宋代的泰山东岳庙会已发展成形，庙会地点在泰山东岳庙，即今天的岱庙，举办时间为东岳圣诞，

也就是东岳泰山神的诞辰三月二十八日。明代中晚期,泰山女神——碧霞元君信仰崛起,泰山东岳庙会又增加了奉祀碧霞元君的内容,打破了东岳大帝一统泰山的格局,由此也使得庙会活动的场所发生了变化,线路有所拓展,由原来在岱庙举办,发展成了到岱庙参拜完东岳大帝后,还要到泰山顶的碧霞祠去进香朝拜碧霞元君。与此同时,东岳庙、碧霞宫遍布黄河上下,大江南北,泰山东岳庙会成为民间普遍的庆祝活动,至此庙会进入了鼎盛时期。

清末至民国初年,泰山东岳庙会会期自农历年三十就开始,一直持续到四月初,所以有"万古长春会"之称。泰山周围的淄博、枣庄、聊城、菏泽等地的香客,往往年三十晚就到达泰城,给东岳大帝和碧霞元君奉上第一炉香火,以表虔诚恭敬之心。农历正月十五以前,来自东北三省、陕西、南京等地的香客会赶来,且大多是香会集体,人员由十几到上百不等。农历三月二十八,东岳大帝诞辰前后,香客人数达到顶峰,山上山下熙熙攘攘。农历的一月至

三月,泰城的居民、店铺都要腾出房子接待香客,岱庙周围的街道、庙宇仍有不少露宿者。1937年七七事变后,因时局动荡,泰山庙会逐渐消失,以宗教信仰为主体的泰山东岳庙会宣告结束,但民间朝山进香的习俗仍然存在,只不过游览观光渐成为主要内容。

20世纪80年代末以来,为弘扬传统文化,满足群众的需求,政府部门开始出面组织举办庙会,仍以"泰山庙会"定名,经历了风风雨雨的千年庙会,又回到了岱庙中。2008年6月,泰山东岳庙会被国务院公布为第二批国家级非物质文化遗产。为了弘扬、保护和传承非物质文化遗产,把东岳庙会办成独具特色、辐射国内外的文化品牌,自2009年开始,泰山东岳庙会有了新的变化,首次设计并推出了泰山东岳庙会会徽,并以岱庙内发掘出土的宋代石刻画像中的童子为原型,设计推出了泰山吉祥物"泰山四喜童子",取名"平平""安安""顺顺""当当",寓意"平安顺当",初步形成了庙会文化产业的雏形。

2011年精心策划台湾东岳庙朝圣、中韩文化交流等丰富多彩的活动;2012年策划推出海峡两岸民俗文化交流周活动;2013年推出"中韩民俗文化周"交流活动;2014年,以泰山东岳庙会为载体,泰山成为国家级"海峡两岸交流基地"……泰山东岳庙会已成为我国庙会文化乃至世界庙会文化中的典型。

泰山皮影泰山魂

Taishan shadow play, the soul of Mount Tai

◎ 右子
◉ 王田军 江卫昌

泰山皮影又称人子戏、挑影子，因其影人、道具是用驴皮制成，故又通称驴皮影，听其唱，观其形，无一不透着泰山文化的深厚、古朴。

Taishan shadow play is also known as "Renzi play" and "shadow picking". Because the shadow figures and props are made of donkey hide, it is also commonly called "donkey shadow play". Its singing and performance embody the profundity and pristine simplicity of Taishan culture.

赫赫有名的汉武大帝失去了心爱的李夫人，思念心切，神情恍惚，终日不理朝政。齐国方士李少翁一日出门，路遇孩童手拿布娃娃玩耍，影子倒映于地栩栩如生。李少翁心中一动，用棉帛裁成李夫人影像，涂上色彩，并在手脚处装上木杆。入夜，围方帷，张灯烛，恭请皇帝端坐帐中观看。武帝看罢龙颜大悦，就此爱不释手。这个被载入《汉书》的爱情故事，被认为是皮影戏最早的渊源。皮影戏是如何传入泰山的，已无从考究，只知道早在明代古籍《梼杌闲评》中就有关于其记载，距今已有600年的历史。民间也一直有"登泰山不看泰山皮影戏不成游也,不看影戏不知礼义"的谚语。

泰山皮影又称人子戏、挑影子，因其影人、道具是用驴皮制成，故又通称驴皮影，听其唱，观其形，

无一不透着泰山文化的深厚、古朴。与传统皮影多人合作演出的模式不同，泰山皮影的表演方式颇为独特，一台戏最多需要两个人，即一人伴奏、一人操纵影人表演，必要时一个人演出一台戏，这就是皮影界的古老绝活"十不闲"。所谓"十不闲"，指的是在皮影戏表演时，表演者要"脑中想着词，口中唱着曲，手里舞着人，脚下踩着槌"，把全身都调动

起来,一个人身兼数职独自完成一整台戏的演出,这就需要表演者有相当深厚的表演功底。"十不闲"有1700多年的历史,据统计,目前皮影"十不闲"绝技在中国就只有泰山皮影的第6代传承人范正安先生一人完整地继承下来。

张用蓬的《泰山皮影赋》里有一句"泰山皮影泰山魂,山高水长;人间瑞气人间情,人杰地灵。"泰山皮影表演的内容紧扣当地特色,泰山石敢当的故事栩栩如生,石敢当的英雄形象深入人心。"师猛虎,石敢当;所不侵,龙未央。蕴齐鲁之豪气,显岱宗之风韵。"

近年来,以传承人范正安先生为代表的匠人们紧跟时代潮流,不仅表演《泰山石敢当》和《西游记》,也表演《小蝌蚪找妈妈》,甚至海草舞。泰山皮影于2008年正式作为一门学科进入小学课堂,现在泰安市有3000多名孩子学习泰山皮影。

端鼓腔 扎根船头的说唱艺术

Duangu Singing, a talking-singing art rooted in boats

■陈淑锋 ■张瑞泉

"端鼓腔"流传于东平湖、微山湖和运河两岸,起源于唐贞观年间,盛行于清康乾年间,2010年6月被列入国家级非物质文化遗产名录。

Duangu Singing, popular in the areas of Dongping Lake, Weishan Lake and the Grand Canal, originated in the Zhenguan Reign of the Tang Dynasty and was at its height in the reigns of emperors of Kangxi and Qianlong of the Qing Dynasty. In June 2010, it was included in the list of national intangible cultural heritage.

"张口别骂年尊老,抬手别打少年人。骂了年老折阳寿,打了少年结冤仇……"东平端鼓腔第21代传人丁立新在接受采访时,左手端着一面奇怪的单面鼓,右手拿一根纤细竹篾击打,随着

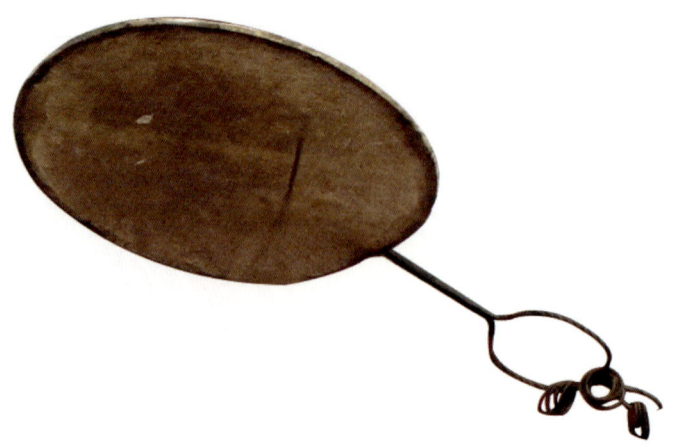

有节奏的鼓点,开始了说唱表演。

这种由"敬河神"衍变而来的民间小调叫"端鼓腔"。

1965年出生的丁立新师承王春成。据他介绍,"端鼓腔"是山东微山湖、东平湖的渔民独有的曲艺形式,流传于东平湖的端鼓腔是清后期由微山湖传入的。"端鼓腔"源于祭祀河神,后也成为渔民娱乐的一种杂剧。

在东平县城西北方向20公里的老湖镇老湖村,被认为是东平"端鼓腔"的发源地。老湖村村支书王云福说,丁立新的师傅王春成已经离开老湖村16年了,带着他的羊皮鼓去了东营广利港捕鱼。丁立新说,自己虽然是代表性传承人,但是一直到今天,他仍然未能达到师傅的水平。

60岁的王春成从记事起就跟着父亲学唱"端鼓腔",在以前娱乐活动贫乏的时代,唱"端鼓腔"就是渔民们少有的娱乐活动之一。作为渔民,学唱"端鼓腔"几乎是和学打鱼一起完成的。

"我小时候最盼望的,除了过年就是每年敬河神的日子了,虽然年幼时并不明白唱的什么,但村里男女老少一起看唱戏非常热闹。"王春成说。

据了解,"端鼓腔"早期主要用于渔民续家谱、敬神、请愿、还愿等活动,而后逐渐演变成了渔民开网渔猎、新船下水、婚庆喜事以及年节聚会等重大活动时所必需的项目。

"端鼓腔"常用的曲牌是七字韵和十字韵，如《七字韵》《十字韵京调》《念佛调》《榔头调》等。词都是靠渔民祖辈口传心授流传下来的，现保留下来的剧目有《刘文龙赶考》《张郎休妻》《张秀英打嫁妆》等。

老湖村渔民王春柱说，他的父亲和大爷都是唱"端鼓腔"的名家，他们教徒弟唱戏的时候，比私塾里的先生还要严格。"唱词非常难背，渔民们大多没有文化，对内容也只是一知半解，能出师的都是靠死记硬背。"王春柱说，每一段"端鼓腔"都源于一个传说，戏里的人物和故事也大多是想象出来的，没人知道戏中人长什么样，学唱戏的渔民只有自己去设计服装和动作。

丁立新学习"端鼓腔"是1986年，那时仍然没有任何文字书籍，全部都是跟着师傅一句一句学的，从唱词到动作，从化妆到打鼓，靠的也是死记硬背。

"端鼓腔"的唯一伴奏乐器就是羊皮鼓，每个唱段除了唱词和故事不一样之外，鼓点也是不断变化的。看似简单的一面鼓，却独自承担了所有的演奏。"和背唱词相比，学习打鼓更难，别说不同的唱段鼓点不同了，就是同一个唱段里，每一个情节、每一句唱词所配的节奏都是不一样的，连打鼓的时候让鼓面转几圈、摇动几下垂环都是有讲究的。"丁立新说。

老湖村村支书王云福曾找到一些会唱"端鼓腔"的老人，让他们口述，让自己的儿子一字不漏地记录下来，整理了几十个唱段，像收藏宝贝一样压在衣柜底下。

丁立新说，现在最大的问题是缺乏继承人，年轻人对"端鼓腔"没有兴趣，要么外出求学，要么出去打工，村里已经很久没有人学唱"端鼓腔"了。没有继承人，"端鼓腔"就面临失传。他目前正在整理"端鼓腔"唱段，准备出版书籍，传播"端鼓腔"。

针对"端鼓腔"的困境，东平县积极探索"保护为主、抢救第一、合理利用、传承发展"的路子，投入专项资金，构建交流、培训平台，每年借助龙舟赛、采摘节等各类节庆进行展演，让"端鼓腔"最大限度地走进人们的视野，实现文化和旅游的互促共赢。

Shuilu Painting with the flavors of Mount Tai

水陆画 泰山香

薄荷 侯贺良 毕冉

泰山水陆画表现内容丰富，画技要求高，具有重要的历史、宗教、文物、文献价值，是难得的艺术珍品，更是珍贵的非物质文化遗产。

Taishan *Shuilu* Painting, rich in content and requiring high painting skills, is of significant historical, religious, cultural and documentary value. It is a rare art treasure and precious intangible cultural heritage.

几千年前，一个春天的早上，一位部落首领登上了一座大山，在山巅点燃了堆起的干柴。熊熊大火，随着太阳的升起而燃烧着。几千年来，这东方黎明的圣火，在中华民族的信众心中从来没有熄灭过。

那位部落的首领，就是三皇五帝中的舜；而那座大山，就是泰山。大汶口文化遗址出土的陶器上，绘有我国最早期的文字。考古学家一般认为，图像上部分是太阳，中间是燃烧的火焰，下面则代表了泰山。意思就是在泰山上燃火祭天，也就是柴望。

泰山祭祀，泛指对泰山神的祭祀，是借泰山之尊崇、对天地之神所奉行的一种祭祀。封禅则是泰山祭祀的一种特殊形式，也是中国历史上天地祭祀的最高规格。泰山自古便被视为社稷稳定、政权巩固、国家昌盛、民族团结的象征，遇有新君即位或重大事件，皇帝都要亲临或派遣官员到泰山封禅祭祀，这便形成

了世界上独一无二的泰山帝王文化。

封禅祭祀活动的兴盛，催生了道教音乐、泰山水陆画和泰山香的繁荣，这些封禅祭祀的必备元素，在漫长的历史中流传下来，成为了珍贵的文化遗产。

泰山是儒释道三教合一的圣山，其中泰山道教伴随着泰山独特的神文化现象发展起来，泰山神无与伦比的地位成就了泰山道教文化的鼎盛，泰山道教文化的鼎盛也孕育了泰山道教音乐的繁荣。

泰山道教音乐历史悠久，始于北魏，距今已有 1500 多年的历史，是泰山文化的重要组成部分，它自诞生之日起便融入博大精深的泰山文化之中。历代帝王对泰山道教音乐更是推崇备至，泰山道教音乐在封禅祭祀中起到重要作用。道教在漫长的历史长河中，将民间巫觋祭祀音乐、宫廷祭祀音乐及民间音乐不同程度地吸收进道教音乐之中，使道教音乐在发展过程中不断丰富与完善，成为中国传统音乐的重要组成部分，是我国音乐文化的宝贵遗产。

泰山宗教发祥久远，儒释道三教都在泰山留下了深远的影响，正是这些丰厚的宗教文化现象和历史遗存，为泰山水陆画的产生、发展、传承提供了肥沃的文化土壤。

水陆画俗称"神像画"，寺院为超度亡灵、普济水陆一切鬼神而举行法事时使用的祭祀画像，是"三教合一"大背景下产生与发展的民俗现象。

泰山水陆画创于南朝，盛行于唐宋，流传至元、明、清，清末衰落，民国初年趋于消亡。20 世纪 60 年代初，岱庙修缮壁画《东岳大帝启跸回銮图》和馆藏水陆画轴，泰山水陆画因此得到保护。

泰山水陆画传承人张公石说，泰山水陆画便于携带，可以移动、张贴和悬挂，又被称为"可移动的壁画"。"泰山水陆画的表现内容非常丰富，画技要求也很高，能为佛教史、古代服饰史、古代美术史、儒释道三教合一史以及泰山地区农村社会的宗教文化、民俗信仰等方面的研究提供珍贵的实物资料，具有重要的历史、宗教、文物、文献价值，是难得的艺术珍品，更是珍贵的非物质文化遗产。"

在泰山，还有一个独特的传统制作工艺，被列入了山东省非物质文化遗产名录，这项工艺就是泰山香传统制作技艺。

泰山香，历史悠久，源远流长，远可追华夏文明之源，初成于秦汉，成长于六朝，完备于隋唐，鼎盛于宋元，广行于明清。随着社会的发展，人们生活方式与价值观的嬗变，香品逐渐更趋于实用性，本已融入了书斋琴房和日常起居生活的泰山香也备受人们青睐。

泰山香的制作，在香方的确立、香料的使用、配伍与炮制、制作的流程等方面都十分考究，有一套严整的、行之有效的方法和规范。传统泰山香的制作原料有沉香、檀香、丁香、金银香、藿香、官桂、樟脑、甘草、大黄、泰山黄精、何首乌、泰山灵芝、泰山紫草、泰山三叶参、泰山四叶草、泰山松子、泰山栗子、柏子等45味天然香料和中草药，其中24味为泰山地区出产，10味为泰山独有。

传统泰山香采用手工制作方式，极品香必须采用泰山王母池泉水，其他香一般使用泰山山泉水。不同功能的香有相对应的配方，炮制方法主要有蒸、煮、炒、炙、炮、焙、飞等，制作流程为碾磨、搅拌、成型、烘干、正型、成品。

泰山香虽是一种嗅觉文化，但它的深度及美学是一种超越国界、心灵共通的语言，成为中国乃至世界上独一无二的精神文化现象。

Daiyue paper-cuts: cut as if by an angel

岱岳剪纸 妙手生花

徐从芬 毕冉

岱岳传统的民间剪纸总是与乡民的生活紧密相连，是广大农民对美的追求的自然表露，积淀了民间艺人认识形象和创造形象的方法，蕴含北方特有的粗犷古朴的韵味。

The traditional folk paper-cuts in Daiyue area are closely related to the daily life of the village people. It is the natural expression of the pursuit of beauty by a multitude of farmers, which typifies the way these folk artists recognize and create images and contains the unique flavor of the unrefined and unsophisticated northern area.

一张纸,一把剪刀,看起来没多大联系,然而经过薛国美的手就能变成各式各样的艺术品,可以是雍容华贵的牡丹,也可以是活泼可爱的孩童;可以是婀娜多姿的仕女,也可以是花枝缠绕的福字。作品精致细腻,造型栩栩如生。

薛国美是泰安市岱岳区粥店中学的美术教师,也是岱岳区剪纸艺术的第六代传承人。她自幼受母亲影响,喜爱种类繁多的民间艺术,尤其钟情于剪纸艺术。从事剪纸教学和创作20多年,作品风格立足传统,兼容鲁中派和胶东高密派。在她手里一把小小的剪刀,就可以将普通的纸张剪成各种花鸟动物、人物、植物等,更能将繁简的汉字巧妙地融入到人物、动物、植物的剪纸中,让人惊叹不已。

谈到剪纸,薛国美说,这是一门易学难精的民间技艺。一把剪刀,一张纸就可以进行创作,但却又很难精通。剪纸更是个精细活儿,如果一剪不准,整幅作品就废了。剪纸很讲究线条,剪纸的画面就是由线条构成的。剪纸的线条要求达到"圆如秋月、尖如麦芒、方如青砖、缺如锯齿、线如胡须"。每一个系列的作品都是心灵和指尖的艺术碰撞,光靠手巧是不够的,耐心和创意才能产出美轮美奂的作品。

"你看这个图案的寓意是连年有余,这个喜鹊和梅花就是喜气临门的寓意。"薛国美说,传统的吉祥图案是剪纸里最主要的艺术表现形式,但现在剪纸艺术的发展已经不局限于传统上的纹饰。凭借多年的经验积累,薛国美大胆创造,剪纸作品从传统的福禄寿喜、吉祥图案等扩展至书法剪纸,作品题材也越发广泛。尤其是通过精心揣摩,她创造出来的花卉剪纸,集

自然美和形式美于一体，渗透着别样的创意和精彩。剪刀的一起一落，一深一浅，剪出来的是艺术，留下来的却是文化！

　　薛国美也把自己的剪纸艺术带到学堂中去，只见她红纸一折，用剪刀随意划几道，展开后就是一幅惊喜之作，想要什么形状花案，全凭心性，这引起了学生的好奇心，学生们也纷纷用剪刀剪纸，想让蝴蝶花草"跃然纸上"。她还自编粥店中学校本教材《中国民间美术——剪纸艺术》，带领孩子们学习和了解传统剪纸艺术文化，让更多的学生喜欢剪纸，重新认识这门古老的艺术。薛国美说："并不是非要让孩子们都成为剪纸高手，我希望他们对剪纸有所了解和认识。孩子们有兴趣，剪纸就会传承下去。"

　　作为一名常年从事剪纸研究的工作者，她希望这种艺术能在民间继续生存，更希望通过这种艺术能让更多的人去认识和喜爱民间艺术。薛国美表示，会用毕生的精力，去提高剪纸作品的艺术性，将剪纸这项技艺传承下去。

千年古村落诉说着它**千年见证**的秘密，
太阳部落里穿越回5000年去做一次
疯狂游戏的孩子，
去东平湖上寻找一抹
八百里水泊的古老记忆，
温泉城里体验**文化味浓郁**的泉……
走上山城，

抓一把泥土就是文化，
捡一块石头就是取福。

The ancient village tells the secrets it has witnessed for thousands of years. In the Sun Tribe Theme Park, you will travel back some 5,000 years to play like a crazy child; you may ferret out the ancient memory of the 800 miles of the water margin; you can experience the cultural taste of the spring in the Town of Hot Spring. In Tai'an, every handful of soil embodies culture, every stone implies good fortune.

5 / 第五章 Five

泰山脚下
也精彩

Fantasy at the foot
of Mount Tai

Reciting poems on Culai Mountain

徂徕山上吟小诗

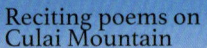
焦竞赛　曲业芝 乔云生 贺安栋 杜德伟

　　在泰山东南 40 公里处，有一座泰山的姊妹山，它就是徂徕山，拥有超尘出世、仙境神话般美景的它被人们誉为"江北的小庐山"。

　　40 kilometers southeast of Mount Tai lies its sister mountain, Culai Mountain. Because of its extraordinary and fairylike scenery, it is reputed as the "Little Mount Lu in the north of the Yangtze River".

"五岳之首""天下第一山""世界自然与文化遗产",泰山承载着太多的美誉,甚至可以说连泰安这座城市,也是依附着泰山而存在的。

可能很多人不知道,在泰山东南40公里处,有一座泰山的姊妹山,它就是徂徕山。徂徕山位于泰安市高新区化马湾乡与徂徕镇境内,山脉呈东北西南走向,横亘连绵29公里。

虽然较泰山1524米的海拔还有不小的差距,但徂徕山的风光也绝不逊色。它既有北方粗犷雄浑的壮观,又有江南幽雅妩媚的秀丽,被人们誉为"江北的小庐山"。

不管是生于斯长于斯的本地人,还是远道而来一睹其风姿的外乡人,都被这里的美景折服,不禁从心里感叹,徂徕真妙啊!

是啊,**徂徕之妙,妙在其风景壮美、多姿多彩**。这里峰峦叠嶂,沟谷幽深,既有幽深婉转的峡谷、潭瀑相连的溪流、星罗棋布的水库、茂密的山林,还有直插云天的孤峰、紫霞盈门的山洞和形态各异、惟妙惟肖的奇石。

多达797种植物生长在这里,还有近800种动物昆虫选择这里栖息。其中,最引人注目的是徂徕山上的松树。早在2500多年前,《诗经·鲁颂》便歌颂了"徂徕之松"。

徂徕之妙，妙在其四季分明、各有乐趣。春天里，徂徕山上两万亩槐花盛开，漫山遍野成为花的海洋。更有1.5万亩樱桃成熟，红珍珠、玛瑙般晶莹剔透。夏天，沟谷内流潭飞瀑，亲水戏水。这里是天然氧吧，更是理想的避暑佳处。

秋天，山果成熟了，这一山沉甸甸的果实除了装点了山峰，更是为想亲近自然、采摘山果的人们提供了一个绝佳的好去处。冬季的徂徕山更是绝美，一场雪后，处处白雪皑皑，树挂晶莹，平添了几分宁静和美丽，这里的温泉更是让人在冬季里温暖舒适、身体愉悦，赏雪景、泡温泉，这种生活岂不快哉，妙哉!

徂徕之妙，妙在其历史悠久、古迹众多。历史上吴王阖闾、孔子、汉武帝、汉光武帝、司马迁曾亲自登临。

山上有吴王驻跸的中军帐，有西汉赤

眉军起义的根据地天胜寨,有北齐时的映佛崖摩崖刻石,有唐代大诗人李白与山东名士孔巢父等六人隐居处,有徂徕山抗日武装起义遗址等,历史文物古迹丰富。现存寺庙3处,碑碣54块,摩崖刻石113处。

"五岳寻仙不辞远,一生好入名山游"的唐朝大诗人李白,当年在长安寻求仕途失败后,被徂徕山、梁父山独特的地理位置、秀丽的自然风光、浓郁的隐居文化所吸引,于开元二十四年(公元736年),举家东迁,隐居徂徕山,日夜酣歌纵饮,谈禅悟道,诗文唱和,放浪于山水之间,

李白把徂徕山作为了改变其人生命运,实现他人生理想和抱负的一个新起点。

"**秋波落泗水,海色明徂徕。飞蓬各自远,且尽手中杯!**"李白在这里创作了很多诗歌,不仅描绘了超尘出世、仙境神话般的徂徕美景,也为齐鲁山水增添了一抹迷人的色彩。

虽然诗仙李白是千年一遇的"神人",但是身为普通人的我们,也不妨多来徂徕山走走,即使无法写出华美的诗篇,站在太平顶上,壮丽的徂徕山美景尽收眼底,吟一首小诗不也很惬意吗。

泰山脚下好读书
徂徕书院

Study at Culai Academy

✎ 柳萍

徂徕书院曾经有过令世人惊叹仰慕的书香绽放。那些曾经的故事,那朗朗书声,从这儿代代流传。

Culai Academy was once the most wonderful and prestigious highland of academic attainments and literati cultivation. The stories of the past and the sound of reading here have passed down from generation to generation.

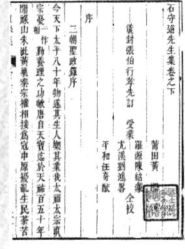 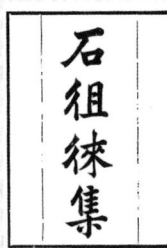 

石介的《石徂徕集》

泰山脚下,自古以来便是读书圣地,古韵悠悠、书香袅袅,手不释卷蔚然成风。而徂徕书院作为北宋四大书院之首,一直是古代饱学之士隐居耕读的理想胜境。

北宋四大书院,徂徕书院居首。而徂徕书院与泰山书院一脉相承、一衣带水,就如同泰山与徂徕山的姊妹关系,南北相对,距离不远,文脉相连。泰山、徂徕山的书院,共同发出了宋代理学的先声,开启了宋代古文运动的序幕。

仲春四月,花开草长,徂徕山上春意萌动,远处鸡犬相闻,鸟鸣山幽,静谧悠然,山坡上几株桃花绽放着灼灼芳华。沿着蜿蜒曲折的山间小路行进,穿过一片草丛,眼前豁然开阔。

一片因地制宜、依山而建的颓废古老的建筑群默然静立,断壁残垣、荒草杂生,几块零星的碑刻散落其间,颇有些"吴宫花草埋幽径"的古意。门窗廊亭早已不复存在,但基本格局犹可辨析。带路的朋友说,这里便是金代文坛盟主、书法家党怀英的作书坊遗址,是其当年读书的地方。

也有一种说法，宋代徂徕书院遗址，就在此地附近，但是由于年代久远，书院遗址怕是早已被风尘湮没。不过，已有学者最新考证，徂徕书院遗址真正位置在作书坊东南的徂徕山长春岭某处，或许，历史上声名远播的徂徕书院很快就可以重见天日。

眼前的作书坊，历经光阴变迁，又横遭日寇扫荡，早已颓败不堪，满目荒芜。拂去一块碑刻上的轻尘，上书《重修作书坊碑记》，逐字读下，可知此碑立于1927年，记述了重修作书坊的经过。

1161年，党怀英隐居徂徕山，筑竹溪庵，读书吟诗。其间娶徂徕先生石介后人石震之女为妻，生计仍相当清苦。但他依然苦学不辍，文名渐为人知。

徂徕先生是泰山书院、徂徕书院的创建者，文名远播，且家风正直，这门姻缘可以说是书香良缘。党怀英工诗善文，兼工篆籀，当时称为第一，学者宗之。党怀英工书法，有独步金代美誉，当时泰山一带碑刻多出其手。

上溯一百多年，也就是1035年，著名学者石介被学识渊博的孙复请至泰山讲学，两个人共同创建了泰山书院。起初在岱庙东南的汉柏林地建馆兴学授课，称"信道堂"，随后正式称作"泰山书院"。后来，泰山书院迁移到泰山凌汉峰的栖真寺，也就是现在的五贤祠所在处。

三年后，在家守丧的石介在徂徕山创建徂徕书院，孙复被尊称为"泰山先生"，石介则被尊称"徂徕先生"，两个人共同撑起了泰山、徂徕书院的书香文道风骨。

在石介和孙复的引领下，徂徕书院与泰山书院以开明的学风、理学的思想，创立影响久远的"泰山学派"，在北宋时期名扬天下。南宋名臣、诗人范成大在其《骖鸾录》一书中写道，"天下书院四：徂徕、金山、岳麓、石鼓"，而徂徕书院居首。因此，徂徕书院存在不过三年，却成为北宋书院界的泰山北斗。

徂徕书院办学风格比较开放，如同一股清流注入，令时人耳目一新。在这里，滤去了学问的功利性，读书、讲道、交流，是一件很享受、纯粹的事情，只与回归做学问的本源与初心有关。

面对这片沧桑废墟，耳畔犹有朗朗的读书声若隐若现响起。一千多年前，来自四面八方的学子是否就是怀着对真理、对真知孜孜以求的执念，在眼前这蜿蜒起伏的徂徕山路间负笈而行？而不远处那口早已荒芜、深不可测的老井，党怀英当年是否也曾经沐浴着云霞朝露到此汲水，然后肩担竹杖，悠然远去？

如果不是这些题刻，遗存的废墟，那些文字的记载，我们怎能想到，在这样一个幽深寂静的山林中，曾经有过那样令世人惊叹仰慕的的书香绽放！

泰山徂徕书韵长，溪涧犹腾翰墨香。古代先贤治学条件虽然艰苦，但却勤勉纯粹，心无旁骛，志怀天下，胸有乾坤。他们的精神已经深深地融进了泰山的草木之中，变成了泰山的风骨，影响着一代又一代人的成长。

五贤祠，同样是位于泰山脚下的书香之地，又叫作泰山书院，是"宋初三先生"胡瑗、孙复、石介读书、讲学的地方。泰山书院作为北宋初年山东境内最早、最著名的学府，培养出了一大批富有成就的人才，弘扬了儒家理学精神，从而形成了具有深远影响的"泰山学派"。孙、石、胡三人共同首开宋代理学之先声，成为程朱理学的先驱。

五贤祠位于普照寺西北，祠东有投书涧，西有香水峪。在这个灵秀之地，北宋学者孙复、石介在此建泰山书院，理学家胡瑗曾访学至此，十年不归。

进入祠院，满院春色，清风满室，流苏飘香。友善温顺的小花狗，极好脾气地向我们摇尾示好。殿前摆放着各种叫不出名的盆景植物，擎花吐绿，颇有情趣。

西院"讲书堂"，是孙复讲学的地方。院落保留了清代学馆的古朴风貌。院中有一块巨石卓然而立，上书"侍立石"，似一人正对大殿方向毕恭毕敬揖行师礼，酷似当年石介拱手侍立恭听孙复讲学之状。

石介曾跟随范仲淹诵读诗书，二十六岁中进士，任郓州、南京观察推官。但是，由于他性格耿直，敢于仗义执言、为民请命，得罪权贵，反遭小人陷害，最后被贬官，蒙冤病殁，年仅四十一岁。更令人震惊的是，奸臣扔不肯放过，竟要求朝廷对石介破家发棺，以验明正身。

欧阳修痛心不已，写下一首三百五十字的五言长诗《重读徂徕集》，诗中写道："我欲哭石子，夜开徂徕编。开编未及读，涕泗已涟涟……已埋犹不信，仅免斫其棺。此事古未有，每思辄长叹。我欲犯众怒，为子记此冤，下纾冥冥忿，仰叫昭昭天。书于苍翠石，立彼崔嵬巅。"此诗呼天抢地，感人肺腑，令人动容。后人称誉："英辨超然，能破万古毁誉"。

石介去世二十一年后，朝廷才为其公开平反，欧阳修亲自为石介撰写"徂徕先生墓志铭"，称其"德如徂徕之岩岩，道如汶水之汤汤",对其精神品格推崇备至,一片赤诚,字字可鉴。苏轼称他为"堂堂世上文章主,幽幽地下埋今古。直绕泰山高万丈,争及徂徕三尺土"。

五贤祠还是冯玉祥隐居泰山时的读书处,院子里至今还有一块石板,板上有冯玉祥"为大多数人谋最大幸福为职志"的题刻,与普照寺五音石背面题刻完全一致,足见先生为民之心何其切切。

"云过峰头留墨气,水来祠畔度书声。"祠前溪畔有石亭,额书"洗心亭"。亭上刻的这句诗题,正是泰山五贤的性情风骨写照。

在中华几千年的文明历史进程中,泰山无疑成为中华文化的缩影和中华民族精神的写照,烛照着一个民族的过去、现在和未来,演绎出的一幕幕瑰丽壮阔的故事。

是的,历史并未远去,而是又以另一种方式开启新的文化传承序幕。如今,泰山脚下的岱庙已经复建起了泰山书院"信道堂",不定期举办国学讲堂、茶艺、书画交流活动。一个个身着汉服的小朋友,神情专注,清脆嘹亮的朗诵书声,穿越千载的时光,在汉柏院响起,响彻云霄。

与此同时,泰山皮影戏、泰山泥塑、泰山古诗词也逐渐走进泰山脚下许多学校的第二课堂,孩子们畅游在泰山文化的海洋,如痴如醉。徂徕山上的作书坊,现已成为写生、摄影采风创作基地,迎来一批又一批的学子、作家、摄影师,用手中的笔、镜头将作书房和徂徕书院的文化气息,用一种现代化的方式重温、铭记并绵延下来。

一切都曾驻足,一切都曾经过,一切又不会远去。那些先贤、哲人、文人因为泰山而激发出的理性、诗性、哲思的光辉,至今闪耀在泰山文化历史的上空,熠熠生辉,灿若星辰,泰山的文韵书香诗意流淌,绵绵不绝。那些曾经的故事,那朗朗书声,必将代代流传……

观音圣境 北方普陀

Scared land of Guanyin, Putuo Mountain in north China

✎ 徐从芬
📷 刘国庆 许鹏

泰安境内有一座莲花山,因九峰环抱,状似莲花而得名,是集生态休闲度假、佛教文化旅游、科研科普于一体的风景名胜区。

There is a mountain called Lianhua Mountain in Tai'an, which gained this name because the mountain looks like a lotus flower being surrounded by nine peaks. It is a scenic spot integrating ecological enjoyment, Buddhist cultural tourism and scientific research and popularization.

天下第一天然观音——天成观音、地球上最古老的岩石——科马提岩、中国北方最大的观音道场,为泰安莲花山这块深藏在鲁中腹地的净土,蒙上了一层神秘的面纱。

"观音胜境、北方普陀",得此美誉的莲花山,以载《诗经·鲁颂》而声闻华夏。因西周甫国东迁居此而得名,因其形肖岱而微称"小泰山"。西汉时武帝在此筑离宫而易名"宫山",后世又因其形如莲花，称之为"莲花山"。

作为国内北方最大的观音道场、山东省独具特色的佛教文化旅游区，莲花山是集生态休闲度假、佛教文化旅游、科研科普于一体的风景名胜区，自然景观独具特色，文化底蕴深厚，古迹遗址众多。它也被认为是观音菩萨显化的重要场所，所以来泰安旅游，不妨也来此为家人好友祈祷一下。

天成观音是莲花山西路上著名的景点，是由岩石风化开裂形成，是纯天然观音打坐石像，很多来泰安新泰的游客都慕名而来，就是为了瞻仰天成观音这一奇观。

观音朝圣为莲花山旅游的一大特色，有观音院、观音阁、太平禅院、云谷寺等众多佛教场所。每年农历二月十九、四月初八、六月十九、九月十九的莲花山佛教节会，能让游客有机会充分感受佛教文化的魅力。农历六月初一至初六的莲花山"六月六"民间庙会，是周边规模最大的民间节庆活动之一，也是很多游客选择此时来莲花山体验民俗旅游的最佳时机。

更早之前，莲花山还惊现过佛光云海奇景，有游客到达山顶时，看到不远处的犁铧尖侧下的悬崖处有佛光呈现，大有"雨收黛色堆螺髻，日映岚光列翠屏"之色。

莲花山林翠水美，森林覆盖率达90%以上，形成了"新甫拥翠"的森林胜景，并因负氧离子和舒缓人体紧张的芬多精含量高，被誉为"天然氧仓""健康驿站"。山因水而灵，水因山而秀。莲花山有秀水九条，潭瀑一百，雨季水量大，恢宏壮观，旱季水量小，潺潺灵动。莲花山佛缘广聚，是中国北方最大的观音道场，被誉为"齐鲁第一佛山"。

莲花山佛教文化，与泰山的道教文化、曲阜的儒教文化，共同组成了山东省宗教文化的"金三角"，使泰山——莲花山——曲阜一线游成为山东境内宗教文化旅游的最佳路线。

莲花山以其优美的环境吸引了历代的文人墨客，并逐步发展成为佛家圣地，现有较完整的历代碑刻150多面，历代石刻200多处，现存古建筑遗址有云谷寺、行宫、太平庵、高泉寺、王禅寺、八封殿、甘露堂等。登莲花顶莱芜新泰尽收眼底，走凌云路，参观鲁中高山雷达，看莲花山前飞机升降，届时你将体味到"无限风光"的真切含义。

莲花山古幽神奇，莲花山美妙旖旎。来了泰安，别光登泰山，也来莲花山一睹吧！

Small bridge, stream and cottage

小桥，流水，人家

✍ 徐从芬　📷 刘国庆

　　在泰安市城南有一个村落，因康熙皇帝赞其为"上乘之泉"而取名为上泉村。泉群水质清澈，水温常年保持18度左右，丝毫不逊色于济南七十二名泉。

　　There is a village south of Tai'an city called Shangquan Village because a spring here was once praised by Emperor Kangxi as a "superior spring". The spring, with its clear water and constant year-round temperature of 18 degrees Celsius, is not at all inferior to any of the "Famous 72 Springs" in Jinan.

汩汩喷涌的泉水延续千年的血脉，石头砌就的古屋尘封着过往的时光。在泰安西南部，有一个古朴而灵秀的地方，那就是因康熙皇帝赞誉"上乘之泉"而取其名的上泉村。

世人皆知济南七十二名泉，殊不知在这小村落中也有五处泉池，小泉更是随处可见。村中五大主泉，大致呈五角星状分布，分别为"驴带泉""灵应泉""刘家井泉""荆枣花泉""纸坊泉"，村中其他小泉星罗棋布。其中驴带泉被称作五泉之冠。

关于这五泉的来历还有这样一个有趣的故事。传说张果老从此地路过小憩，等他醒来，发现自己的坐骑不见了，便四处寻找，后遇二郎神，二郎神他用手向张果老说道："你的毛驴在那儿。"当小毛驴从卧着的地方站起来时，竟带出一个泉眼，人们便把此泉叫"驴带泉"。张果老气往上来，一个筋斗过去，照着驴屁股就是一鞭子。毛驴受惊，又一头钻入了地下，随即钻出，"钻出"了龙泉和灵应泉，又向西跑去，在西边撒了一泡尿，冲出了臭泉。一溜烟继续向西跑去，又带出了其他泉水。多少年来，世世代代的当地人都演绎着这段经久不衰的美妙传说。

在清代乾隆年间，由高晋等人编纂的《南巡盛典》中绘有"上泉图"，其中《程途图》中便标有"上泉庄"一地，里面有"此地有泉群，泉眼甚多"的文字记载。上泉古泉群位于上泉村及周边村庄，据考该泉群形成于第四纪早期，距今300万年左右，为上升泉，水质清澈，水温常年保持18度左右。上泉村是历史文化名村，历史上文化名人辈出，著名文学家孔尚任就曾在此隐居，并创作了《桃花扇》。

走在村里，你会发现，众泉汇流成的小溪穿村而过。驻足河岸，闲看野鸭戏水，笑观儿童喧闹、村民上游洗菜、下游洗衣，不觉忘却俗世，融入这灵动的景致中。

"靠泉吃泉"，与泉水相依存的习惯已经融入了村里人的血液中。村民们在泉溪旁边直接取水而用，实在是方便，这些大妈们在泉畔洗刷着，从花样少女到花甲之年，眼中的泉水始终清澈如初。

"靠泉吃泉"，更体现在上泉村的物产中，最有名的莫过于历史上曾作为贡品进献皇帝的上泉鸭蛋。鸭子渴饮这甘甜的泉水，所产的鸭蛋蛋心金黄，油光四溢，令人垂涎欲滴。

古村落承载着中华传统文化的精华，成为农耕文明不可再生的历史文化遗产。它就像一本厚重的"无字书"，拂去岁月厚厚的尘埃，静静地书写着它岁月静好的传奇。

The ancient memory of the hundreds of miles long water margin

八百里水泊的古老记忆

 邓郑 王田军 乔云生 王笃强

　　一说到著名小说《水浒传》，所有人应该都会想到"八百里水泊梁山"。被称为"小洞庭"的东平湖是唯一遗存水域，若有闲余，不妨来此泛舟畅游，饮酒赋诗，寻找当年108位好汉的遗迹。

　　Everyone will think of the eight hundred miles long water margin at the foot of Liangshan Mountain when talking about the famous novel *The Water Margin*. Dongping Lake, known as the Little Dongting Lake, is the only remaining stretch of water in the area. If you have time, please go boating here, drinking wine and writing poems, to retrace the footprints of the 108 outlaws.

据《水浒传》中描述，北宋年间，当朝太尉高俅率十万大军征讨梁山，官军按照海上作战的方式打造的巨大海龙战舰在水泊梁山的湖面派上了用场。如此大规模的战斗在一个水泊中展开，可以想象梁山水域之大。

按照书中描述，洼地和沼泽连成一片形成的八百里梁山水泊，为梁山好汉最终战胜高俅提供了绝佳的地理条件。然而在今天的山东省地图上，却只见梁山，不见水泊。那么，地图上标明的"东平湖"和梁山水泊是什么关系呢？

大多数人对梁山水泊的认识来自于名著《水浒传》，这本书讲述了108位好汉围绕水泊发生的许多传奇故事。好汉当中很多以水为生，他们后来创造的惊天动地的故事也是依托水泊展开的。史料记载，当年那片存在于山东西部的辽阔水域方圆八百里，足以成为冷兵器时代一伙人在官军高压下生存的根据地。

山东省有一处美丽的湖泊名曰东平湖，传说就是赫赫有名的八百里梁山水泊。据记载，1000多年前的北宋宣和年间，山东西部存在的是一个远远大于东平湖的水泊。

《水浒传》中燕青打擂的故事就发生

在今天山东省泰安市泰山脚下的岱庙。这个故事在山东泰安市家喻户晓,而燕青从梁山到达泰安的行程路线,书中却没有描述。历史上的梁山水泊流传着许多好汉的传奇故事,这块位于山东西部的大片水域距离泰安城70多公里,1000多年前的北宋年间,船在这里是胜于马的交通工具,也许燕青打擂前就是乘坐一艘快船赶到泰安城的。

东平大量的民间传说表明,在相当长的历史时期内,由于水的存在,人们的活动大多依赖于船。当年燕青到泰安城打擂自然也是依靠船。按照民间杂剧演绎的说法,经过了一夜水路行程,燕青最后在夏河桥上了岸。今天的夏河桥在泰安城中,桥下小河与汶河、大清河

相交后依然流往东平湖,可见当时水域面积之大,洼地、河汊之多就如同江南水乡一般。

在今天的山东西部,《水浒传》中大量描述的梁山水泊已荡然无存,映入眼帘的是一处被称为东平湖的水域。东平湖古时称蓼儿洼、大野泽、巨野泽、梁山泊、安山湖,到清朝咸丰年间才定名称为东平湖,她是《水浒传》中八百里水泊唯一遗存水域,1985年被山东省人民政府公布为省级风景名胜区,同时也是山东省推出的水浒旅游线路中的重要景区。

绿柳垂岸,粉荷满地,水鸥翔集,风光宜人,东平湖别称"小洞庭"。唐宋不少文学家来此泛舟畅游,饮酒赋诗。

苏辙在《夜过梁山泊》中留下"更须月出波光净,卧听渔家荡桨歌"的优美诗句。五代以后,水面渐大,至宋代形成以梁山为中心的八百里水泊,成为藏龙卧虎、英雄豪杰出没之地。水浒英雄行侠仗义,赋予水泊梁山千古永驻的浩然正气。如今,八百里水面早已退缩,留给今人的是梁山泊的遗迹东平湖。现在水泊景区建有多处旅游景点,吸引游客来此寻踪觅迹。

戴村坝
精巧绝伦的系统工程

✍ 徐从芬　📷 张玉国

Daicun Dam, an ingenious feat of systems engineering

作为京杭大运河的心脏工程，工程建设精巧绝伦的戴村坝在大运河航运史上起到了极为重要的作用。屹立六百年，它是当之无愧的"中国第一坝"。

As the heart of the Beijing-Hangzhou Grand Canal, the exquisitely-built Daicun Dam played an extremely important role in the shipping history of the Grand Canal. Having towered there for six hundred years, it fully deserves the title of China's first dam.

历经沧桑而能存世的水利工程,往往因其在历史上所发挥的重大作用。位于东平县的戴村坝建设六百年来,使京杭大运河得以南北贯通发挥了核心作用,并被中国大运河申遗考察组称为"中国第一坝"和"大运河之心"。

　　戴村坝横跨大汶河,1411年始建,此后褒扬不绝于史。1965年,在接见山东党政主要负责人时,毛泽东称赞戴村坝是一个了不起的工程,当年策划、主持修建这一工程的汶上人白英被称为"农民水利家"。

对戴村坝的赞颂,首先是因为它对京杭大运河的关键作用。肇始于春秋时期的运河,一直是中国经济、社会发展的大动脉;隋开大运河,运河经济的影响从区域性演变为全局性,盛唐时代"不胜其利"。到了元朝,运河南北贯通,在明、清两代更成为全国的经济命脉。其中,山东段运河的开通是核心。

在元朝之前,运河的走向起自余杭,北向至徐州附近折而西行,至当时的国都如长安、洛阳和开封,整体呈东西方向;元代定都大都(今北京),运河的走向也随之改变。历史地理学家史念海说:"若以现今的徐州市为中心,则国内主要的运河干线由东西方向改变为南北的方向,其间差不多成了一个九十度的直角"。

1274年,著名的科学家、元都水少监郭守敬奉命在鲁西地区进行水文和地形勘察测量,认为山东具有沟通南北大运河的优越条件。此后,相继开挖了济宁至须城(东平安山)的济州河、须城至临清的会通河,再加上后来开通的通惠河,由大都到杭州的京杭大运河全线开通,较隋代大运河运道缩短了1000余里。这条长达1800公里的运河成为世界上最长的一条人工运河,是世界水利史上的一项杰作。

戴村坝的意义,在于有效地"引汶济运",用有限的水资源保障了运河的畅通。坝位于汶水中、下游分界,所处地势较南旺高,水顺人工开挖的小汶河流到南旺,实现南北分流。

戴村坝的建成,普通百姓如白英,身处岩穴不忘国事;从政者如宋礼,虚怀若谷广纳善言。我们在许多伟大的工程中都能看到这种智慧的融合,这或许是戴村坝更大的意义所在。

戴村坝屹立六百年,中间虽有损毁,但工程建设精巧绝伦。河底沙层深厚,设计、建设者展现了高超的智慧。三合土坝是清道光二年增筑,坝身全部用三合土夯打而成,坝面用杨藤熬汁与三合土拌和料筑成,从1880年到1967年88年间,

坝顶溢洪十次以上,共揭光三批三合土,削减坝高 0.6 米,而坝身依然稳固。2001 年 8 月戴村坝被大水冲决,在此后的修复过程中,工程技术人员发现乱石坝的神奇之处:坝底部为柏木排桩,三合细土填筑联为一体;坝表面为五层大块石(万斤石),相临石块间以铁铆扣相连,以杨藤水三合土灌石缝,上下左右间用铁铆闩相连;桩顶与石间,隔有多层黄表纸,使桩基受力均匀;坝前有柏木桩基,呈梅花形,桩表面进行火烤防腐处理。

民国初年,荷兰水利专家方维因曾说:"此种工作,当十四五世纪工程学胚胎时期,必视为绝大事业。彼古人之综其事,主其谋,而遂如此完善结果者,今我后人见之,焉得不敬而且崇也。"

梦幻乐园 欢乐世界

A dream park, a world of joy and fun

文曲
乔云生 方特景区提供

如果你想去一个集科技、动感、参与、惊险、刺激为一体的高科技主题乐园，去泰安方特欢乐世界就对了，它能满足你的所有想象。

Want to go to a theme park which integrates science and technology, dynamics, participation, adventure and excitement? Then go to Tai'an Fantawild Adventure where you can meet everything in your imagination.

小王子说：每个大人都曾经是个孩子。而我说，每个大人的心里也都住着一个孩子，那个关于游乐园的梦，永远醒不了。

泰安方特欢乐世界位于泰安市泰山区，与泰山风景区东侧毗邻，是华强方特集团旗下第四代主题乐园。乐园以科幻、动漫、熊出没以及中国文化元素为最大特色，采用当今先进的理念和技术精心打造。

梦幻的海螺湾还在，粉色的旋转木马还在，糖果店还在，保护森林的熊大熊二也还在，走进大门，一个充满神奇的熊出没奇幻乐园就展现在

面前。恐龙危机、飞越极限、神秘河谷、聊斋、维苏威火山、海螺湾、未来警察、生命之光等17个主题项目区组成方特梦幻之旅，主题项目、游乐项目、休闲及景观项目有300多项。

来方特，最先推荐的就是到"飞越极限"体验高空飞翔，巨大的半球形银幕、灵巧的悬挂式座椅，配合宏大的电影画面，带你横跨铁塔，穿过长城，攀登珠穆朗玛峰，体会凌空飞翔的真实感受，八分钟环游世界。

"花期如梦，倏忽即逝；一朝相许，竟要穷尽一生等待"。大型AR Theater表演项目——《聊斋》，再现蒲松龄笔下催人泪下的人鬼情未了的旷世绝恋，综合运用幻影成像、瞬间消失移位等电影特技，呈现出神奇景象。

若你想要点儿刺激体验，那么，国际顶级大型MR Ride项目、亚洲最大恐龙灾难体验项目——《恐龙危机》，将带领你穿行于一个恐龙横行、危机四伏的城市中，经历一场恐龙破坏、毁灭城市的浩劫，体验惊险刺激的生死之旅。

嘿，想去遥远的外太空与未来世界吗？方特的未来警察、生命之光以及宇宙小勇士能够满足你的所有想象，真所谓一场游戏一场梦，紧张刺激的星球大战，徜徉于无涯宇宙和恒星之间，与流星、彗星同行，探寻太空的奥秘；在巨幕上观看从生命起源到人类出现的历史长卷，探寻生命的奇迹；未来世界中，近距离感受一场人类与高科技智能机器人的生

死较量。

当然，这里还是儿童的天地，亲子的王国。儿童王国、水世界、熊出没脱口秀，五花八门、丰富多彩的项目，受到众多儿童和青少年的喜爱。卡通风格的建筑，艺术化的设施，畅游在欢乐的"海洋"里，与水共舞，与最好的朋友熊大熊二一起游戏，一定会令小朋友们惊喜连连。

无论是大人们玩的挑战项目，还是孩子们体验到的既好玩又可以学到知识的项目，方特的"属性"就是能够让你暴走"一万步"，却能够开心一整天！

你没见过的地下奇景

Underground wonders that you have never seen

刘自锐 李红梅 宝泰隆景区

在泰山和徂徕山两座山脉的断裂带，有个深达数百米的裂谷，大自然的鬼斧神工和无穷造化，形成了震撼人心的地质奇观。

In the fault zone of Mount Tai and Culai Mountain, there is a rift valley hundreds of meters deep. Thanks to nature's uncanny workmanship, a stunning geological wonder has been created here.

25亿年前的地质构造，造就了今天山东半岛的地质版图，成就了我们脚下这条华北最长的地裂峡谷——宝泰隆泰山地下大裂谷。宝泰隆泰山地下大裂谷是泰山与徂徕山两座山脉的断裂带，位于山东省泰安市邱家店镇。

　　宝泰隆泰山地下大裂谷也是候鸟放飞基地，基地位于景区的西部。园内有白天鹅、丹顶鹤等多种国家一、二级保护动物，也是迄今为止国内最大的鸟类放飞表演园，一次可放飞3000余只候鸟。当体态优美的候鸟腾空而起，天空将变成一个大舞台，这一幅幅美丽的自然画卷中，可以让您放松身心，享受心灵的

愉悦假期。

　　欧洲风情小镇位于景区的中部,该区域的整体在保留湖光山色、天然景观的基础上,以欧式建筑为主,由特色庄园、城堡、精美别墅、欧式教堂和独创的婚庆主题园构成,为游客带来原汁原味的欧洲文化体验,感受异国风情。

　　大裂谷与地下溶洞紧密相连,整体观光长度达6000余米,洞内钟乳石、石花、石柱、石笋、石幔、石瀑遍布其中,形成了一幅幅神奇与美妙的画卷,洞内依托丰富的地下水资源,打造的4000米地下暗河漂流,现今为亚洲最长地下漂流项目,水道蜿蜒曲折,惊险刺激。

泰山地下大裂谷溶洞是典型的喀斯特岩溶地貌，洞内结构奇特，洞中有洞，宽窄高低不一，钟乳、石笋似雕似塑，奇幻迷离，气象万千。温度常年保持在17℃-20℃。盛夏，洞外烈日炎炎，洞内却凉风习习；寒冬，洞外雪花纷飞，洞内却温暖如春。

新奇瑰丽的溶洞景观是石灰岩经地下水长期冲蚀而形成的，石灰岩的主要成分是碳酸钙，在有水和二氧化碳时生成碳酸氢钙，后者可溶于水，钙有一部分会以石灰岩的沉积物形态沉积下来，便形成了石钟乳、石笋、石瀑等自然景观。

泰山地下大裂谷"东海龙宫"，依靠得天独厚的地势打造独一无二的梦幻龙宫，有梦幻的水精灵，有叹为观止的一线天，更有可爱呆萌的钟乳石。在"东海龙宫"游玩，你一定不会感到视觉疲劳，这些奇特、美丽、壮观的天然雕饰便是你地下旅行的最好伴侣。

泰山温泉城就位于这涧水清澈见底，四季长流的徂徕山下。温泉之行，给你带来的不仅有美感，更多的是四季里的温暖。

Taishan Hot Spring Town is located at the foot of Culai Mountain where crystal clear streams run in all seasons. Bathing in the hot spring, you will not only feel the natural beauty but also the warmth of all seasons.

Taishan hot springs warm the world
泰山温泉暖天下

✍ 徐子瑜　📷 乔云生

巍巍泰山永不老，咕咕泉水总温存。

泰山温泉城位于泰山姊妹山徂徕山国家森林公园，是江北首席山地森林温泉。徂徕山以松闻名于世，这里的松木见证了千百年的沧桑变幻，依然翠绿如昨。

走进温泉城，就像进入深山别墅，四周群山环抱，一幢幢红瓦小屋，坐落于山坳之中，错落有致，在阳光的照射下，格外显眼。山脚下的旷野，是一片人工喷泉，水柱倾天而下，点缀着青山，远远望去，恰似一幅美丽的山水画。我们走在其中，边走边看，细细地欣赏这山中的景色。一阵阵清风吹来，有一种湿湿的感觉，非常舒畅惬意，一周的疲惫便已荡然无存。

热气氤氲的温泉池中，岱岳禅汤、灵芝汤、何首乌汤、石板泉、彩石泉等特色泉池颇受游客喜爱，一面浸泡热汤，一面观赏美景，实为惬意。

泰山温泉品质优良，温泉水出自地下100米，出水温度在50℃左右，最大出水量为3800立方米/天。经权威部门检测，温泉水属优质天然高硫高纳的硅氟复合型医疗热矿水，温泉水中富含对人体有益的微量元素，如氟、溴、锶、锂、硼酸、硅酸、磷酸等，水质优于国家最新饮用矿泉水和热泉水的标准。古人云："春日沐浴，生阳固脱；夏日沐泉，暑温可祛；秋日泡泉，肺润肠蠕；冬日洗池，丹田温灼。"冬季泡汤，不仅有别样的风情，更有不一样的疗效。置身于自然松林中泡一泡千年温泉水，洗尽您一路风尘的同时，细细体味全身的毛孔在泉水的温润下缓缓舒张，自能消除疲惫，滋润您干燥的肌肤。对许多女士而言，温泉的排毒、养颜功效更为重要，温泉的养生温泉区内，设有牛奶池、玫瑰池、茉莉花池、金银花池等，这些特色池备受女性游客青睐。女性游客通过不同汤池顺序的组合功效来呵护肌肤，达到美白肌肤、减肥瘦身、排毒养颜之功效。

温泉文化自古以来就备受人们的推崇，泡温泉不仅仅只是身体得到放松和享受，心灵和精神也可以得到升华。无论酷热严寒，它都渗透了中医药养生的精辟。无论是三五成群，还是独自一人，安静地坐在水中，用心去感悟那种宁静致远的境界，那种感觉真是妙不可言……

Dream back to
Dawenkou

穿越五千年 梦回大汶口

✏ 绿景　📷 姚广　刘国庆　金磊　毕冉

　　运用先进的声光电技术，将大汶口文化的精髓融入其中，真实再现大汶口时期的生产生活场景，这就是位于泰安的史前文明主题公园——太阳部落。

With the use of advanced light and sound technology, the Sun Tribe, a prehistoric civilization theme park in Tai'an, integrating the essence of Dawenkou culture, reproduces the life and work of the Dawenkou period.

　　如果你去泰安旅游,有一个地方不可错过,那就是连名字听起来都很酷的史前文明主题公园——太阳部落。

　　我曾有过一次难忘的"太阳部落"之旅。景区门口,朱铜色的大门庄严神秘,里面好像藏了无数的秘密等待探索;几十米高的巨石像"擎天墙"一样倚山矗立;巨石上金色的"太阳部落"四个大字苍劲有力,在夏日的骄阳下熠熠生辉;旁边的一挂瀑布倾泻而下,溅起的水花打湿路面,带来阵阵清凉。

　　景区以大汶口文化为主线,以情景体验的形式,将史前文化和游乐项目有机融合,使远古文明的场景在游客面前真实展现,是中国首家展现史前文明的特大型主题公园。

　　我们的部落之旅开启于一条灯光闪耀,光怪陆离的"时光隧道",踏上这条"时光隧道",我们瞬间便穿越到了5000年前,走进洪荒时代开启了穿越之旅。穿越后,眼前豁然开朗,文化广场的石壁上刻着许多神话人物,盘古开天地、女娲补天、精卫填海、炎帝等,每个神话人物都活灵活现,一个个与他们相关的神话故事电影一般在脑海里放映。接下来便会来到"梦回大汶口"展馆,可以看到我们祖先的生活和生产场景,他们使用简单的劳动工具辛苦劳作,不断地摸索着更省时省力的生活生产方式。

在文化广场，我知道了古人怎样织衣服、如何狩猎、如何驯养野兽。古人在洪荒时代创造的古代文明让我惊叹不已，古人的生存智慧也令我深深震撼。

除了上下五千年的文明展示，太阳部落里惊险刺激的娱乐项目也有很多。我最喜欢的就是洪荒漂流了。套好雨衣和雨鞋后，坐到漂流艇上，艇顺着水漂流而下，两边有原始森林，有山洞，还有虎狼的嚎叫声，正害怕的时候，前边出现一道水帘，想躲开已经来不及了，漂流艇载着我们从水帘穿了过去，幸好有雨衣雨鞋，否则真成落汤鸡了。

太阳部落旅游区分为洪荒历险、情定大汶口、金乌古镇等六大版块，由时空隧道、大汶口文化展示体验馆、大汶口古村、盘古狂叫等三十余个主题项目组成。每一个都是一个历史故事，个个都能惊爆人的眼球，欢乐疯狂的娱乐体验项目加进游客互动元素，让大家在动感娱乐中感受洪荒年代的野性！

去过那么多主题公园和游乐场，但不得不说，太阳部落是最值得去体验的地方之一。快来太阳部落，触摸五千年的历史痕迹。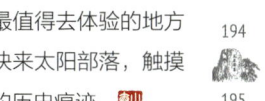

天颐湖畔 碧水蓝天

Tianyi Lake, azure water under the blue sky

景天　范志祥　金磊　朱明兰　姚广

在泰安岱岳区有一个泰山天颐湖省级旅游度假区，里面有一片依湖而生的泰山花海，由十二座各具特色的岛屿通过七座不拘一格的景观桥与湖岸相连而成。其中，花海深处的木屋岛，便是我向往的乐园。

木屋岛上，九座十二套精巧木屋静静隐匿于繁花茂树之中，或端庄大方，有着中式庭院的古朴诗意；或简约雅致，怀着欧式别墅的风情浪漫；或新颖小巧，彰显现代家居的时尚魅力。

木屋具有抗潮保湿、透气性强的特点，享有"会呼吸的房屋"的美誉，是集绿色

湖光秀丽，碧水共长。"郁金香节""菊花艺术节""泰山音乐节""泥浆狂欢节"等品牌活动打响了天颐湖的知名度，掀起了一场休闲度假游的热潮。

The picturesque Tianyi Lake shares a scenic hue with the blue sky. Brand activities, including the tulip festival, chrysanthemum art festival, Taishan music festival and mud carnival, have made the lake famous and set off a wave of leisure and recreational tourism.

环保、健康、居住舒适、安全、贴近自然、使用寿命长和设计风格独具个性等诸多优势于一身的健康型住所。

每到节假日，道路拥堵，景区人山人海，我便不愿出门，但是若直接住进景区里，景区里足够赏景、游玩，倒是一件美事，所以，节假日的时候，我会选择带着家人、朋友住进泰山花海木屋度假别墅，推开窗户，凭栏而望，目光所及之处，都是碧蓝的湖水，波光荡漾，有种与世隔绝的静谧。

倘若在屋里待腻了，外边偌大的度假

区，足够安抚躁动的心。度假区拥有适合全家同游的千亩泰山花海、十万平休闲沙滩、老爷车博览馆、"泰山之眼"百米摩天轮、无边际泳池，适合亲子休闲的梦想小镇儿童职业体验中心，适合放飞青春的飞行体验馆、动力滑翔翼、真人 CS、沙滩摩托、快艇等游玩项目，适合婚拍的摩玛梦想城，还有如意画廊、十里花堤、月伴湾休闲广场等免费景点，以及游船、复古小火车、观光电瓶车、趣味脚踏车等交通配套。

泰山花海是一座三季有花，四季常绿的缤纷园林，栽植有乔灌木 60 余种 1.3 万株，花卉 100 余种 15 万平方米。漫步于泰山花海内，不仅能赏花休闲，还可以观看到唯美的宫廷巡游表演与欢快的花车巡表演，活泼热闹的气氛使这片绝美的花海更显生机盎然。如果喜欢拂水赏花，码头旁停靠的游船也不失为一种好选择，船游花海间总是能让人迸发出豪情万丈的诗意。

度假区中的摩天轮，是泰安首座摩天轮，高度可达 100 米，可满足游客全家同舱游、情侣同舱游的需求。置身摩天轮之上，可清晰鸟瞰泰山天颐湖省级旅游度假区全景，极目远眺，北能遥望泰山雄伟，东可见徂徕山绵延，西可俯视

万亩碧湖广阔,南面近可观摩玛梦想城梦幻城堡,远能见太阳部落全景,向下俯视千亩水岸花海景致,各色鲜花成片散布,风一吹过,便像海浪一般波动,与万亩碧湖相呼应,还有郁郁葱葱的树木、金色的沙滩、不拘一格的景观建筑,放眼望去景色美不胜收,是度假区观景的绝佳选择之一。

如果喜欢车,泰山世界古典汽车博览馆绝对会让你大开眼界。这座以古典汽车收藏、陈列、演艺、科普为主题的博览馆,是国内规模最大、藏车最多、功能最完备的汽车文化博览公园。这里汇集300余辆来自世界各地的跑车、老爷车、军车等,有国内外著名汽车品牌中罕见的绝版之作,这些来自不同时代的汽车,可谓车车有故事,款款是经典,最为难得的是这300多辆老爷车,每辆车都能达到驾驶的要求,堪称世纪经典。

一道**简单养生**的泰山三美；
一碗飘着**文化味儿**的粥；
一个热腾腾的驴油火烧；
一张**传承千年**的泰山煎饼；
一桌曾是御膳的豆腐宴……
来泰安逛一逛，
这里的风景和美食，
总会把你留下来。

A simple Taishan Chinese cabbage and tofu soup; a bowl of porridge with the flavor of culture; a hot donkey oil baked wheaten cake; a Taishan pancake with the flavor of thousands of years; a tofu feast which was once an imperial cuisine... Come and visit Tai'an, the scenery and food here will attract you and make you stay.

舌尖上的泰安

6 / 第六章 Six

A bite of Tai'an

The "three beauties of Taishan"—Chinese cabbage, tofu and mountain spring water

白菜、豆腐、山泉水，见识一下泰山三美

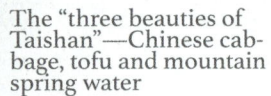
景浩　王立山

每新到一个地方，总忍不住要尝一下当地的特色美食。美食的背后是一座城市特有的气质，以后也会成为对这座城市的独特记忆。

初次到泰安，询问特色美食，当地人推荐尝一下"泰山三美"。乍听这个名字，美丽又神秘，让人充满了向往。

接待我的朋友，十分大方好客，用餐时点了一桌子菜，还应我的要求，特意点了"泰山三美"。菜一道道上来，酒一杯杯下肚，推杯换盏时，竟然将这道菜忘到了脑后，等再想起，已是酒过三巡之后。

"泰山三美是不是没上?"我看着一桌子荤素搭配的菜肴,味道都还不错,但是实在没看出哪一道能配上这么雅致的名字。

"上了啊,这不是嘛。"我循着朋友指的方向看去,一个大大的白瓷碗里,奶白的汤中泡着一些白菜和豆腐,清清白白的,十分不起眼,我一口也没吃。

"这不是白菜炖豆腐吗?"面对我的疑问,朋友一点也不意外,他说:"泰山三美就是白菜、豆腐、水,每个第一次见到这道菜的人,反应都跟你差不多。"

看着我仍没有要品尝的欲望,朋友给我讲了"泰山三美"名字的由来。

传说明洪武年间,皇帝朱元璋去登泰山,吃饭之前,随行太监问当地县令:"今天请皇帝吃什么呀?"县令说:"吃我们泰山最好的菜——白菜豆腐。"太监一听,心里自然不爽，道："你们泰山最好的菜就是这么两样？"县令不知道说什么好。此时，朱元璋正好入席，再喝令改菜已经来不及了，只好硬着头皮上。

菜很快就上来了，一只白瓷汤碗里，汤汁白似乳汁，豆腐白如脂玉，白菜则是白里透着淡淡的黄。朱元璋看了就有食欲，夹一块豆腐尝尝，十分软滑，几乎是入口即化，却又有一点筋道，那味道甜而不涩，平时在宫廷吃的任何豆腐都无法与之相比。再吃一口白菜，细嫩，无筋，微含脆意；舀一勺汤，慢慢咂着滋味，清香、鲜美。

品尝过后，朱元璋说："这豆腐也美，这白菜也美，煮这道菜的水也美，真乃泰山三美也！"

县令悬着的心终于放了下来，而泰山的"白菜豆腐"也从此更名，叫"泰山三美"，后来被收入孔府菜馔，并在各类豆腐菜品中始终占据冠军的宝座。

听故事听得我口水直流，于是便盛了一碗，一口气吃下，感觉与平时吃的白菜炖豆腐似乎没啥区别，只不过白菜嫩了些，豆腐筋道了些，汤汁鲜美了些。奇怪的是，很多年过去了，我仍记得那碗"泰山三美"的味道，每次去泰安，这道菜都是我必点的菜肴。

朋友说，虽然各地都有白菜炖豆腐这道菜，但是不能称为"泰山三美"。因为"三美"是指泰山白菜、泰山豆腐和泰山泉水。泰山白菜，又叫"城白菜"，出水少熟得快，菜汤白郁如奶；泰山豆腐，用小石磨推沫，用泰山水成浆，经过多道工序，细心制作，无苦味、涩味，细嫩如玉似脂；泰山水，清甜爽口，无杂质，呈弱酸性。这些特质共同决定了"泰山三美"味道的独特性。

> 细嫩，无筋，微含脆意
>
> 清香、鲜美、淡远

Tips

"泰山三美"的正宗做法，除精选豆腐和白菜之外，必须用泰山泉水来炖，因此建议您选择靠近山麓或在登山途中有泉水处品尝这道菜。

一鸡二鱼三丸子 四个盘子八个碗

A banquet with four dishes on plates and eight in bowls

✎ 俊晖　📷 贺安栋

"一鸡二鱼三丸子……"在泰安市宁阳县,提起"四八席"几乎无人不知,据记载"四八席"起源于宁阳县乡饮乡,传统的"四八席"宴席已有一千余年的历史。

宁阳县乡饮乡自古就因乡间盛行尊老敬贤的乡饮酒礼而得名,热情好客的乡饮乡人在长期的待客中,逐渐形成了宁阳"四八席"这一招待宾客的传统宴席。传统宁阳"四八席"已有一千多年历史,做工讲究,风味独特,让其长盛不衰,是民间贵客临门或有喜事庆祝之时必备的礼俗。2006年宁阳"四八席"被列入泰安市非物质文化遗产名录。

"来到宁阳一定要尝尝这传说中的'四八席',从小就吃这'四八席'长大,希望这家乡的美味能够发扬下去。"做了几十年厨师的王师傅对"四八席"情有独钟,身为土生土长的宁阳人,他对"四八席"有着不一样的情感。

"四个盘子、八个碗"以荤菜为主，酒礼是"四八席"中的重要环节，随着社会不断发展，"四八席"与酒礼也在不断丰富和完善。传统的"四八席"属于纯正的鲁菜系。每席以八人为限，以用餐具32件而得名"四八"。"四八席"还有"四红四喜、八方来财、四平八稳、平静如意"之说。

来到一家做"四八席"地道的小店，落坐后店主忙着在桌子上摆上四个小碟，红白两种花生占，这应该是第一道果碟，沏上一壶茶细细品着别有一番滋味，我们边品尝着甜美的糖果边等着真正"四八席"的到来，第二道上四菜碟有松花蛋等小凉菜，第三道上四大碗，含带有鸡丝、咸甜口感的瓦块鱼、清水丸子、红焖肉等。第四道上的是两大件，一个清蒸整鸡、一条蒸整鱼。第五道上的四小碗，含滑肉丝、滑肉片、鱼棒、拔丝。第六道上的是中间饭，也叫腰中饭，点心是芝麻片、细粉糕各一盘，一碗酸辣汤。第七道上的四大碗，含清淡口味的鸡丝、肘子、鹌鹑蛋、木耳白菜。第八道程序上面食，面食视情况而定，不固定。

大碗热菜用笼蒸，是"四八"席的一大特色。"四八席"中大碗菜除滑丸子，都得用笼蒸。如鸡煮熟后，撕成丝，放到专门碗里整出形状，再加上汤料，放入笼中蓖子上，要蒸一个小时左右，方可拿出，并反扣到大碗里，还是蒸前形状，口味却大变，非常香酥可口。

吃过"四八席"后不难发现，菜品主要以鸡、鱼、肉为主，青菜极少，搭配好酒下肚十分美味。做菜的程序基本是"破菜、淤菜、制成半成品、上笼蒸、用老汤加佐料做汤、浇到蒸好的菜上"六个步骤。这其中"上笼蒸和做老汤"最关键，半成品的菜要蒸二至三个小时，蒸熟、蒸透；老汤要用母鸡加多味佐料熬汤，要熬二三个小时，用这样的老汤加酱油、醋、木耳、香菜、鸡蛋皮等佐料为每道菜做汤。每道菜要求的味道不一样，做汤时加入的佐料也不一样，这样就保证了每道菜都味正而鲜美，百食不厌。

自古以来，"四八席"与酒礼都是招待宾客的主要礼俗活动，由于它体现了"仁、义、礼"等儒家思想，拉近了人与人之间的距离，增强了人与人之间的感情交流，因此，这项宴席礼俗活动历经千年而不衰，民间普及性极强。

The nostalgia in
Dongping porridge

东平粥 里品乡情

◎君昊 📷张瑞泉

中国人素有喝粥的习惯,清朝黄云鹤的《粥谱》就记载了各种粥食达239款之多,可见我国粥品之全,历史之悠久。东平粥无疑是众多粥品中的一颗明珠,作为山东地方名吃,东平粥至今已有330年的历史,可以说久负盛名。

东平粥之所以味道香美爽口,有三个重要因素,一是选料精,用上好的黄豆、小米做原料;二是做工细,必须用石磨将黄豆、小米分别制浆,磨出的豆浆和米浆,再分别用细箩过滤去渣,豆浆与米浆之比,约为2:1;三是做粥的水要好。由于特殊的地理原因,州城地下水多属碱性苦水,做粥时,不能用苦水,而是用马公祠水井中的水,那是少有的甜水,所以熬出的粥鲜美可口,风味独具。

早上,找一家粥店坐下,熬粥的大师傅将铁勺举得老高,铁勺一歪粥便成细线般倾入到一个个粗瓷大碗里。乳白色的粥,盛入碗中即凝,待端到桌上,表面已结了膜,好似浮着一层油汁。袅袅热气,透着扑鼻浓香,轻呷一口,如酱浓稠的粥在口中却似水一样细腻、滑润、爽口。

端起粗瓷大碗,大口吮吸,独特的糊香味,余留口齿,沁人心脾。有小童喝完,会学着广告里的小孩,把碗舔了又舔,引得旁边大人哈哈大笑!

喝完一碗,再让粥老板盛上一碗,老板一边用大铁勺舀粥一边用浓厚的东平话说:"喝粥,还是来东平,这味道,其他地方没有!"岁月流转,时事变迁,但是在东平方言里,"喝粥"往往是和回家联系在一起的!那碗糊香四溢的粥,是乡情的载体,是乡韵的沉淀,亦是舌尖上心灵中关于东平最为生动、别样的文化符号。

东平粥味美诱人,为了让更多的人品尝这一传统名吃,近年来,已开发生产出多种品牌的"东平粥粉",用东平粥粉做出的粥其味与州城做的东平粥无异,粥粉便于携带,食用方便,很受消费者欢迎。

此粥闻名于方圆二三百里,外来的客人来到东平总要喝一碗东平粥。有的人要喝两三碗甚至五六碗,放一放腰带还能再喝一碗。

总有一种食物,或许它不是山珍海味,或许它普普通通,然而它的味道却从不曾改变,这就是家的味道!客居他乡的东平人,每当想起谈起故乡的东平粥,无数的美好记忆便在脑海中鲜活起来……

Finger-licking
Xintai chicken

新泰归来不吃鸡

✎ 张冉　📷 毕冉

唐代大诗人孟浩然曾在诗中写到：故人具鸡黍，邀我至田家。宋代诗人陆游《游西山村》云：莫笑农家腊酒浑，丰年留客足鸡豚。在泰安新泰有"无鸡不成席"的说法，家里招待客人如果不上一道鸡，那就是对客人的不重视，是主人的失职。由此可以看出，不管古代社会还是现如今，鸡在宴席中有着举足轻重的分量，是不可或缺的角色。

鸡的烹饪方法很多，煮、炸、炒、焖，白切鸡、豉油鸡、烧鸡、盐焗鸡、茶香鸡、香酥鸡、香草炸鸡、红酒煮鸡、板栗焖鸡、蜜汁鸡翅……在新泰，说到吃鸡，大家一定会想到炒鸡。

炒鸡的做法有很多种，不同地方做出来的炒鸡味道也大不相同，新泰炒鸡以味道浓郁、色泽红亮而出名。事实上，为了打造自己的特色，新泰各个炒鸡店都对配方进行不断改进，做出来的炒鸡也都有自己独特的味道。黏糊鸡和麻辣炒鸡是新泰炒鸡里比较具有代表性的炒鸡。

黏糊鸡，从名字上就可以看出它的特点——黏糊。汤炖得很黏，且口味偏重，肉质细嫩有嚼头，入口便会让你回味无穷。新泰黏糊鸡选用的是山里的草鸡，一只顶多一斤多沉，不能选用过大过老的鸡，这样可以保持鸡肉的鲜嫩。

除了鸡的选择，火候的掌握也是十分重要的。现在都是用煤气炉加高压锅炖，但是在过去，为了更好保持炒鸡的原汁原味，炖鸡的时候用的是柴火炉子，用柴火炉子炖出来的鸡跟用煤气炉炖出来的鸡的味道相差甚远。据炒鸡店里的师傅说，现在生活节奏快，已经没有人用过去那种古老的做菜方法了。

黏糊鸡在炖的时候各种调味料、香料都放得足足的，所以口味偏重，汤汁较咸。黏糊鸡就着馒头吃是最合适不过了，尤其是对于饭量大的人来说，绝对下饭、实惠。

麻辣炒鸡，放的佐料跟黏糊鸡有很大的不同。在烹饪过程中要用花生油去炒，不可以用别的油代替，然后根据鸡的分量加入花椒、麻椒，再加上厨师高超的厨艺，炒出来的鸡色味俱佳，味道麻辣鲜香，跟黏糊鸡是完全不同的风格，必定会让你食欲大增。

Wang's stewed fish leads
to endless aftertastes

王家炖鱼宴 三天不吃饭

泽洋　赵雨

王家炖鱼始创于元朝初年。明朝时，由于古运河改道，使东平湖畔的安山镇成为运河沿岸重要的码头。"靠山吃山、靠水吃水，当地渔民经常将捕捞到的活鱼放入锅中炖煮，其肉嫩味鲜，逐渐成为客商们赞不绝口的菜肴。"

随着制作手艺的成熟，王氏家族就把大安山炖鱼作为谋生手段，并逐渐发展成为独具特色的王家炖鱼，成为流经东平州安山古镇大运河上南来北往的达官贵人和客商喜欢的一道名菜。

车出东平县城一路向西，沿东平湖畔行驶半小时的功夫，就来到此次目的地——东平湖王家炖鱼。

在东平县大安山旅游码头，远远就看见写着"王家炖鱼宴"红漆字样的大牌坊。走进院内，映入眼帘的便是一个石雕鲤鱼。

王家炖鱼的第七代传承人王绪军热情接待了我们，刚坐下，他便迫不及待地向我们炫耀起了"王家炖鱼"的光辉岁月。

王家炖鱼真正的鼎盛时期是在清康熙年间。王绪军说,"当年,乾隆皇帝下江南曾两度经过东平湖,见湖光秀美,便令随从人等从安山码头下龙舟,驻扎在东平州。当时安山王家渔民献上清炖全鳞大鲤鱼,供乾隆皇帝品尝,皇帝吃后赞不绝口,即令地方官定期送入皇宫供御宴使用"。

王绪军自幼随父母生活在东平湖畔大安山镇,从小就受家庭做鱼传统的影响。作为东平湖大安山王家炖鱼的主要传承人,为了把这项古老的传统名吃发扬光大,王绪军在完整地保持东平湖大安山王家炖鱼传统做法的基础上,又广泛吸收了黄河流域、运河两岸的大炖鱼做法,形成了如今独具特色的东平湖大安山王家炖鱼。

走进王家炖鱼宴饭店的厨房,王绪军的妻子宋玉梅正在池边杀鱼。她拿起一条长约80厘米、重10多斤的鲤鱼,按放在案板上,用刀背猛敲几下鱼头。然后熟练地除腮、除内脏、入味切割、冲洗鱼身,放在盆里准备下锅。

此时,特制炖鱼炉灶上的铁锅已经"咕噜噜"响个不停。宋玉梅打开大锅盖,一大锅泛着水花的炖鱼汤展现在眼前,香味也扑鼻而来。

王家炖鱼的铁锅和一般的铁锅不同,铁锅直径约1米,呈半圆柱形。"原本是用普通的圆形大铁锅,但有时炖煮的鱼很大,锅里通不容易盛放。为了保持鱼的完整性,就改制了铁锅。"宋玉梅说。

炖鱼不放油只是王家炖鱼的特色之一。只除内脏,鳞、骨、肉同食是王家炖鱼的另一大特色。据了解,王家炖鱼的汤中调配了各种配料和祖传秘方,用急火炖15-20分钟后,就可以出锅。出锅后的炖鱼表皮呈深红褐色,掀开表皮,鱼肉呈雪白色。

夹起一块鱼肉来品尝,感觉鱼肉很嫩,咀嚼起来很有弹性,鱼的表皮还有些酥脆。而且,鱼鳞和鱼刺竟然都能嚼烂,吃后回味无穷。

"除了清炖全鳞大鲤鱼外,清炖荷叶鱼、扣碗鱼、炖糟鱼也独具特色,这些统一构成了东平湖大安山王家炖鱼宴。民间有'王家炖鱼宴,三天不吃饭'的老话。"王绪军说。

"霜刀截断玉腴芳,暖储银缸酿粉浆。锦尾带赭传内品,金盘堆雪喜初尝。解程未减黄柑美,隽味能欺柴蟹香。一筯魇余承醉卧,梦横沧海听鸣榔。"这是元代诗人王恽的诗集《秋涧集》中关于糟鱼(炖鱼的一种)的诗。

东平湖大安山王家炖鱼系东平湖安山炖鱼的嫡脉流传,其历史文化源远流长。"据专家考证,在《梼杌闲评》中就有关于明代东平湖安山炖鱼的记载,在明代蒋作锦《东原考古录》中也有记载。"王绪军说。

王家炖鱼主要是以家传一代一代传承下来的。根据普查,自清康熙年间至今,大安山王家炖鱼已经传承七代,然而历史的久远不能抵挡现实的冲击。"二十世纪八十年代开始,社会进入经济转型期。农村人员大量外出务工,当时王家炖鱼几乎被人遗忘。"王绪军说。

随着近年来东平县旅游产业的发展,王家炖鱼逐渐复兴。"2018年'五一'当天,我们就接待了一百多桌客人。"宋玉梅说。

但是,谈起王家炖鱼的发扬光大,王绪军仍心事重重。"儿子常年在外,对于传承这项文化没有兴趣。我也是奔着六十去的人了,不可能长期做这项事业,而且现在只有我一人在经营王家炖鱼,发扬和传承这项古老传统的手工技艺已刻不容缓。"王绪军说。

Fragrant congee with beef and grain

糁汤飘香

✐ 泽雨　📷 齐克仲

当你走在泰安的街头巷尾，便可看到大大小小的糁汤店，一碗热腾腾的糁汤下肚不仅仅是味蕾的满足，更多的是温暖，尤其对泰安当地人来说，更是一种情怀。

糁汤又名"肉粥"，是一种传统名吃，流行于鲁、豫、苏、皖四省交界的很多地方。糁汤的汤底为骨头汤，需熬制4个多小时，再将鸡蛋打碎，用大骨汤一冲，再配以香菜、香油等佐料，一碗香气四溢的糁汤就做成了。如果你是早晨吃，搭配一张外酥里嫩的葱油大饼，满足感溢于言表。

可别小看这小小的一碗糁汤，它可有将近二千四百多年的历史。《说苑》中就有"七日不食，藜藿不糁"的记载，春秋时代的名著《墨子》中有："孔子穷于陈蔡，藜羹不糁"之说。《礼记》中称："糁，取牛、羊之肉，三如一，小切之。与稻米二，肉一，合以为饵，煎之。"这里所说的"糁"则颇类今糁。

相传糁是古代西域人的早餐饮料，唐

增强食欲 驱风除寒
开食健胃 强筋壮体
温中补阳 醒酒养胃

朝传入内地。还有一个小故事说到糁汤的来历。乾隆皇帝下江南的时候，微服私访到一家客店，又饥又饿，客店就给他准备了一碗汤。乾隆喝了以后大赞其美味胜过宫廷御宴。然后就问这是什么汤呀，汤的名字叫什么。那个店家也不知道这个汤叫什么名字，说：啥汤呢？啥汤呢？然后乾隆爷说：哦，原来是"啥"汤。

糁汤味美可口，营养丰富，冬令食之，具祛风除寒，开食健胃，怡情爽神之功效，对增进健康，大有裨益，而且有祛湿利尿、止呕等功效。常食糁汤可以强身健体，对人体具有补中益气、温中补阳、健脾养胃、美容养颜、祛风湿、治心腹冷痛、通气消渴之功效。

糁汤热喝，浓香扑鼻，气味诱人，尤其早上喝，感觉更为浓厚；中午喝，能够开胃，增强食欲；晚上喝有安神之功效。

【 齐鲁糁馆（齐鑫糁馆）】

齐鲁（鑫）糁集多地糁之优，取长补短，用老母鸡、麦仁、鸡蛋等多种食材为原料，并添加多年研发的秘方，经数小时精心熬制而成。近几十年来已有百万人品尝，得到广泛好评。

约起来吧 泰山原浆

Cheers! Original Taishan beer

哲瀚 视觉中国

提到泰安,很多人想到的是"天下第一山"泰山,我想到的却是那一口浓浓的麦香。

2018年盛夏,我们几个外地人到泰安游玩,当地的朋友说要带我们去一个好玩的地方,表情略显神秘。车从市里一直往郊区开,午后的太阳,兴奋地闪着光,烤得人口干舌燥的,好像喝再多水都于事无补。

当我们从困意中挣扎出来,下了车,展现在我们眼前的是一座特别现代化的建筑——中国原浆啤酒体验中心,门口有两瓶巨型的泰山原浆啤酒。

泰山原浆对我们来说并不陌生。炎热的夏天,对于生活在济南的人来说,最惬意的便是找个有点凉风的晚上，约上三五好友，坐在路边的烧烤摊上，一边撸串儿一边喝啤酒一边侃大山，泰山原浆是菜单上的常客。

我是一个不爱喝酒的人，白酒辛辣，红酒酸涩，啤酒微苦，都不是我喜欢的味道，若是再不得已多喝一些，那醉酒的难受能折腾我好几天，所以遇到喝酒能躲就躲，如果实在躲不开，便会选择喝点泰山原浆，酒里有浓浓的麦香味儿，可以中和烤串的油腻。

啤酒酿制的工艺图、紫色的啤酒花、大麦和小麦、从德国原装引进的克朗斯生产线……穿梭在中国原浆啤酒体验中心的参观走廊，我们近距离了解了泰山原浆的酿制过程、产品构成，感觉亲切又带着些许神秘。

在参观中，有一个德国老人让人印象深刻，他是山东泰山啤酒有限公司技术顾问、总酿酒师格哈特·卢特哈德先生。卢特哈德先生1994年来到中国，1997年开始在山东泰山啤酒有限公司担任技术顾问、总酿酒师，2009年中国第一支富含酵母的瓶装原浆啤酒——泰山原浆啤酒最终问世。

德国到中国，一万多公里，遥远的距离并未挡住卢特哈德前往中国的脚步。从1997年到现在，卢特哈德先生每年都要来泰山啤酒两次，累计在中国工作的时间达86个月之久。历经二十年"酿造"，卢特哈德使泰山啤酒从一个设备老化、产量只有1万吨的小酒厂变成配备现代化生产设备、掌握精酿啤酒独特工艺产量达到10万吨的全中国生产原浆啤酒的样板工厂。

熟悉中国原浆啤酒体验中心的人说，2007年泰山啤酒工业园项目获批，从项目立项到项目设计，从设备选型考察到安装调试验收，到处都有这位德国老人的身影，他先后两次率队到德国进行设备选型和谈判，最后采用了世界最先进的设计布局理念和最先进、环保、节能的设备。在他的辛勤努力下，仅用18个月的时间，一个全自动、节能环保旅游休闲的啤酒工业园便在泰山脚下诞生，我们这些游客便有了走近泰山原浆的机会。

从这家被誉为"醉美工厂"的体验中心出来时，已近傍晚，太阳的余热还没有消，我们赶紧上车往市里赶，因为我们迫切地需要一个烧烤摊，去消化从工厂买的现酿原浆和它的故事。

约起来吧，泰山原浆！

Donkey oil baked wheaten
cakes enjoy wide fame

驴油火烧美名扬

胤运 韩春义

火烧各地都有,但能引得汉武帝龙颜大悦,拍案叫绝的,全中国独此一种,那就是泰安驴油火烧。

作为泰安地区著名小吃,驴油火烧以精粉和驴油为主要原料,配上花椒粉、茴香粉、芝麻酱、香油等调料,揉成面酥并压扁,包入面酥擀成圆饼,蘸上芝麻烙熟即可。刚出炉的泰山驴油火烧色泽美观,层如薄纸,皮酥脆、瓤咸香,确实是一道美味。而且驴油火

烧营养丰富，老少皆宜，尤其是驴油可治耳鸣，可理气顺肠。每天饭点时刻，许多当地市民就会闻香而来，新出炉的驴油火烧被抢购一空。

看火烧的制作过程，更是一种享受。将揪好的面剂子揉成长条，在面案上摔两下，然后将一端擀成面皮，揪着另一端把面片拉长，抹上驴油酥，用面铲划了几道，再沿着一端卷起来压扁，撒上黑芝麻，随后把做好的面饼摔在加热了的炉面上，成型后放进炉膛烤制。大约四五分钟，泰山驴油火烧就做好了。

泰山驴油火烧不仅味美，而且历史悠久。相传两千多年前，汉武帝封禅泰山时，驻扎在古城奉高县。一次用膳中，有食官在做随军主食"馍"时，在面团中加用当地产的驴油等调味佐料，并弃蒸为烤。成熟的"馍饼"色金黄，双面有芝麻，发出了诱人的香味。食官将烤制的"馍饼"奉于汉武帝品尝，其外松内软，酥香味浓，横断面层次清晰，且薄厚均匀，咸香适口，回味悠长。汉武帝拍案叫绝。由此，"泰山驴油火烧"成为当地名吃。

泰山驴油火烧制作技艺，在2011年入选山东省非物质文化遗产保护名录。火烧好吃得益于驴油酥。驴油酥由驴油、面粉和调味料熬制，冷却后凝固而成。这其中关键的调味料是祖传秘方，有去除驴油腥味的作用。

一个泰山驴油火烧要2元以上，这

驴油火烧贵在哪儿？据了解，一头驴只能出10公斤的驴油，所以驴油火烧成本高。但就算成本高，讲究吃的人还是会弃普通火烧而选驴油火烧，而且驴油火烧还被销往海外。

Tofu feast, the former imperial banquet becomes common people's diet

昔日帝王御膳席
今朝百姓豆腐宴

王小刚　韩春义

泰山地处东方,泰山自古便有"五岳独尊"的美誉,是历代古帝王举行封禅和祭祀的地方,古帝王贵为天子,为答谢上天的授命之恩,帝王会不远万里登临泰山封禅。登山前为表诚心,帝王必"沐浴更衣、素食净心",正是这种大的历史背景使泰山豆腐这种寻常老百姓家的食品,成为了皇帝的御膳。

泰山豆腐选用优质的大豆为原料,采用手工石磨工艺,配以泰山的泉水而形成。其特点是色白如玉、嫩而不散、久煮不老亦不糊,被称为"泰山神豆腐",与泰山当地的黄芽白菜和泰山泉水并称为"泰山三美"。泰山豆腐是历代帝王举行封禅或祭祀时必选用的美味佳肴,由其组成的泰山豆腐宴更是别开生面,丰富多彩。

豆腐宴菜品上讲究四美碟、四配碟及九道主菜的结合,完美展示了泰山帝王封禅文化及当地的民俗文化。

宴席首先上的是四美碟,分别是盐水豆腐、五香花生、生菜蘸酱和糖炒栗子,体现"福"文化,寓意"福""生""财""立"福到财气到之意。接着上四配碟,体现豆腐文化,自古至今只有豆腐这种食品既上得了皇帝的御膳也下得了百姓的厨房,为什么呢?因为豆腐有四品相,液体时叫豆浆,固体时叫豆腐,做硬了叫豆腐干,做薄了叫豆腐皮,就算做臭了还可以叫"臭豆腐""乳豆腐",四配碟分别是豆腐干、豆腐皮、乳豆腐和豆腐渣,以体现豆腐的可塑性,不同品相不同味道。

四美碟、四配碟以菜品的形式展现了"福"文化和"豆腐"文化,也为泰

山豆腐宴做了开篇,为八道主菜的推出做了有力的铺垫。

豆腐宴的首道大菜名曰"太极福寿羹",也是高档宴席讲究的头汤,其造型是太极阴阳图,其中白色的代表动阳,黑色代表静阴,阴阳鱼的眼睛代表的是阳中有阴,阴中有阳,寓和谐运转之意,代表传说中登封泰山的伏羲氏。从工艺来讲,白色的是豆腐切丁体现刀工;从养生而言,黑色的海苔与白色的豆腐及泰山灵芝孢子粉的搭配,可以起到养肝护胃的功效。

第二道菜品"有福同享"则代表登封泰山舜帝,当年舜帝乘坐麒麟登封泰山,统一日历,会见百岁老人,与百姓有福同享,因此在全国流行过年贴福字的习俗,食材的搭配上,青豆、核桃、海参、虾仁及泰山四大名药之一的白首乌搭配可谓是相映生辉。

第三道主菜可以追溯到康熙年间,当年康熙皇帝登封泰山时,当地厨师将宫廷的御膳八珍布袋鸡进行了改进,厨师在不动刀的情况下取出鸡肉及鸡骨而保持鸡皮完整,然后将豆腐、海参、青豆、莲子还有泰山四大名药之一的四叶参等填充进去,放入蒸屉中蒸熟后浇汁而成,御赐名"吉祥纳福"。

"洞天福地"是第四道主菜,展示了西汉时期豆腐的起源。宴席上,工作人员采用茶道的表演手法,将煮好的豆浆采用高冲低斟的手法倒入一个容器中,然后盖上盖子，3分钟后，汤汁竟然变成了豆腐。真可谓神奇。

历史上最早记载进行泰山封禅的帝王是秦始皇。相传，秦始皇到泰山一为封禅二为求长生不老之药，而所谓的长生不老药就是生长于泰山后石坞的玉皇草，又名长寿草。第五道菜"玉皇赐福"便是将玉皇草、豆腐、牛肉与另一味泰山四大名药黄精一起烹饪，通过食材的合理搭配，达到养生目的。

除了讲究营养，豆腐宴更突出的是以菜品的形式完美展现帝王封禅文化，第六道主菜叫麒麟豆花鱼，展现的便是登封泰山的宋真宗皇帝，他的到来是帝王封禅历史的结束，祭祀活动的开始，所以这道菜选料讲究，将鲈鱼片、香菇片、胡萝卜片、豆腐片及黄精片，五片一体，做出麒麟五彩斑斓的身体，故而得名。制作时一边火红的是辣味的，一边青鲜的是清淡口味，此道菜可谓一鱼两吃。

历史的年轮不曾停息，历史留给百姓更多的是切入生活的东西。干炸豆腐丸在泰安可谓是家喻户晓，但有多少人知道这道菜曾是乾隆皇帝的最爱。这位风流倜傥、才华横溢的帝王曾多次登临泰山，留下了很多脍炙人口的名言诗文。据说每次登临泰山他必品尝的美味就是豆腐丸，所以"滚滚福气来"是泰山豆腐宴的第七道菜品。

第八道菜品是九转大肠，这道菜与大家常吃的"九转大肠"可不一样，它是用豆制品做出大肠的外形，用浓汤煲汁做出大肠的味道，可谓是素菜荤食的代表之作。

尾汤"泰山三美"汤的上场，标志着泰山豆腐宴的结束，一首由泰山豆腐宴文化研究院理事长王小刚所作的豆腐宴串名诗更是将这桌昔日帝王的御膳席、今朝百姓的豆腐宴推崇到极致：

太极有福禄，

吉祥洞天开。

玉皇麒麟至，

福气九转来。

素菜荤食金满玉，

形神兼备有乾坤。

品尝泰山豆腐宴，得到的不仅是美食的享受，更是文化的享受。让我们在品味咸淡酸甜间，穿越泰山历史两千年。

泰安煎饼 香飘千年

The scent of Tai'an pancake drifts for thousands of years

张敏敏 刘国强 视觉中国

在山东农村待过的人，冬天都会有这样的记忆：

天气晴朗的日子，家里的老人会将精选的地瓜干、玉米、大豆等粮食放在水中浸泡着。第二天，天还没亮，老人就将家里的青壮年拖出被窝，撵着他们将浸泡了一天一夜的粮食，拉到特定的地方去磨成糊糊。然后一整天时间，老人会将这些糊糊摊成煎饼。

我是一个土生土长的山东人，童年在农村奶奶家度过。冬天的时候，我经常在睡梦中就闻到煎饼的香味，等我穿衣出屋，奶奶已经在院子里摊

了厚厚一摞煎饼。

我喜欢坐在小板凳上，一边烤火，一边看奶奶摊煎饼。

只见奶奶将缸口大的铁鏊子烧热，然后将油擦在鏊子上，等油干了后，便用舀勺将面糊舀到鏊子上，用筢子沿着鏊子将面糊一圈圈地摊，直到把面糊摊成薄饼，然后再用箅子在薄饼上反复涂抹，以使面糊分布均匀。面糊很快就被烙熟，然后奶奶会用铲子沿鏊子边沿，把熟了的面糊抢起、揭下，一张煎饼便做好了。摊在鏊子上面糊的多少，决定了煎饼的厚度，水平高的人可以摊制出非常薄的煎饼来，比如我的奶奶。

刚从鏊子上揭下的煎饼很柔软，可以折叠成长方形，放到瓮里存放。晾凉后煎饼变得薄而脆，可以在常温下保存很长时间，在过去是出门远行的必备干粮。

若是面糊成熟后在鏊子上多放会儿再揭下，煎饼就会变得酥脆，像零食一样，香喷喷的，很受小孩子欢迎。每次奶奶都会做一张这样的煎饼当我的早餐。

"等你长大了也要学摊煎饼，要不然嫁不出去的。"每次摊煎饼时，奶奶都会念叨这句话给我听。如今我已嫁人，却没有学会摊煎饼，要教我摊煎饼的奶奶已去世多年。我在超市或者旅行途中，经常会见到各种各样的煎饼，却怎么也找不到小时候的味道，直到我来到泰安新泰的楼德镇。

因为工作的原因，我在泰安逗留了一阵子，朋友推荐说新泰楼德是远近闻名的"煎饼之乡"，有"中国煎饼第一镇"之称，于是我便欣然前往。

楼德镇的煎饼已有上千年历史，当地的新庄村，家家户户都会做煎饼，他们用的是我记忆中奶奶做煎饼的方法，做出来的煎饼仍是我记忆中的味道。

当地人介绍，历经多年的发展，楼德煎饼的加工方式日趋科学，花色品种丰富繁多。按配料可分为：玉米煎饼、麦子煎饼、小米煎饼、高粱煎饼、黄豆煎饼、地瓜煎饼，以及混合而成的多维煎饼等。按口感又可分为甜煎饼、酸煎饼、咸煎饼等。

因为煎饼是原粮制作、绿色加工，所以营养丰富，富含纤维，香酥松软，加之食用煎饼时需要较长时间的咀嚼，所以吃煎饼不但生津健胃、滋心润肺、增进食欲，且能促进面部肌肉运动，保持面部神经活力，保持牙齿坚固健康。煎饼早已不是过去充饥、口感粗糙的干粮，而是口味多样、健康美味的养生食品。

煎饼在楼德已经发展成产业，当

地的兴隆庄村是"摊煎饼摊出来的村子",是新兴的煎饼加工村,采用机械自动化制作各种各样的煎饼,这里的煎饼销往世界各地。尽管如此,人们对煎饼的感情却没有变,当地一位老人给我们介绍煎饼的时候,还教给我们一首民谣:"吃煎饼,一张张,孬好粮食都出香。省工夫,省柴粮,过家之道第一桩。又卷渣腐又抿酱,个个吃得胖又壮。"

吃一桌地道的泰安菜；

看一场**流动的光影声色**；

听一曲关于**咖啡的小情歌**；

我们跨越历史明石桥，

穿越千年大汶口，

等一城山色进入梦乡。

Having enjoyed a table of authentic Tai'an dishes, watched a flowing picture of light, shadow, sound and colors, listened to a love song concerning coffee, let us wait for the whole city to slip into its dream after crossing the historical stone bridge of the Ming Dynasty and the thousand-year-old Dawenkou.

第七章 Seven
给生活家一个快乐的理由

Giving hedonists a reason to be happy

在艺术世界感悟人生

✎ 永昌　📷 贺安栋

艺术是人生的缩影,在艺术的世界中可以找到人生问题的答案。在泰山脚下,就有这么一座艺术的圣殿。它集泰山市图书馆、艺术馆、美术馆和剧场于一体,为泰安这座历史文化名城增添了一道靓丽的风景线。现在,不妨让我带你走进泰山文化艺术中心,感受文化与艺术的魅力吧。

参观艺术中心,其实就是借用艺术家的眼睛看世界,用他们的审美为我们的生活增光添彩。

从高处俯瞰,泰安文化艺术中心是一件精美的艺术品:五片从地面由北向南发

散升起的叶片,组成一朵优雅的"白玉兰",北立面与第五立面合为一体,舒展优美。

东、南、西三个立面通过控制连续立面元素的高度,形成了与屋顶呼应的多层次曲线效果,久久凝望,她又像一只展翅欲飞的大鹏,扶摇直上九万里,引人遐想。

走进去,泰山文化艺术中心融景观性、艺术性、实用性为一体。图书馆设计总藏书量100万册,可同时容纳1500人;艺术馆建筑面积9693平方米,设置多种活动室和教室,提供活动、培训、教育、研究、交流、保护等诸多功能；美术馆建筑面积6617平方米，设置两个1100平方米以上的大展厅和一个560平方米的小展厅；剧场建筑面积7525平方米，观众座席1100座，包括池座765席，楼座335席，含有舞台机械、灯光、音响等设备，具有升降、平移、旋转功能。

　　泰安文化艺术中心建成后，不仅在2013年10月承办了第十届中国艺术节群星奖音乐类决赛、文华奖部分剧目比赛活动，同时也为市民提供了图书阅览、美术展览、艺术培训、歌舞娱乐等全方位服务。

　　她，铸就了泰安城市新文化地标，必将扬帆远航，载着泰安市民驶向精神文化生活的新高地。

尝尝泰山菜 常做泰安人

Have a taste of Taishan dishes

〇 七喜

说到泰安,首先想到的就是泰山。提起泰山,不得不说的就是泰山的封禅文化。

泰山自古便被视为社稷稳定、政权巩固、国家昌盛、民族团结的象征,也是历代帝王举行封禅大典的唯一传统名山和亿万华夏儿女顶礼膜拜的神山、圣山。

传说,无怀氏、神农氏、炎帝、黄帝、尧、舜、禹等72位远古君主都曾到泰山祭天。秦始皇、秦二世、汉武帝、汉光武帝、隋文帝、唐高宗、唐玄宗、宋真宗、清圣祖、清高宗等12位皇帝相继亲临泰山举行封禅、祭祀大典。

帝王到泰山封禅、祭祀,

也带来技艺超群的御厨。这些御厨将各朝各代的宫廷御膳带到了泰安，使泰安饮食文化集历代宫廷御膳文化之大成，独具特色，远近闻名。不仅如此，由于每个朝代的都城不同，御厨也处于不同的地区，他们在带来各地美食的同时，也把全国乃至世界各地的饮食文化引入了泰安。

一代一代流传下来的泰安菜系，包容了南北菜系的不同风格，引进了西安、洛阳、杭州、南京、北京等历代京都的御品风味，借鉴了历代御厨们的烹饪技术，吸收了各地厨艺的诀窍，形成了独一无二的御膳文化。

御膳文化的代代流传，潜移默化地影响着泰安的饮食，慢慢地成为了一种"习以为常"，泰安有个叫钟长泉的人，却将这种"习以为常"当作了宝贝，潜心研究了许多年，发掘整理御膳菜品1218道，宴会菜单48套。他还创办了一家叫做"泰山御膳楼"的饭店，将帝王的御膳，搬上了寻常百姓的餐桌。

泰山御膳楼具有明清建筑风格，古香古色，突出文化主题，建造了200平方米富有文化内涵的、历代帝王封禅泰山时的文化宣传长廊。这里有满汉全席宴、秦始皇封禅宴、康熙宴、乾隆宴、慈禧太后宴、香妃宴、御景宴、国泰民安宴等，透着浓厚的"御膳"气息，形成了有别于其他饭店独具特色的饮食体系。

泰山御膳楼制作的《泰山封禅御宴》，2011年被泰安市泰山区列为区级非物质文化遗产，2012年被泰安市认定为市级非物质文化遗产，2016年被山东省认定为省级非物质文化遗产。

"仪式是什么?"小王子问道。

"这也是经常被遗忘的事情。"狐狸说。"它是使某一天与其他日子不同,使某一时刻与其他时刻不同。"

要寻找仪式感很简单,也许只是换个环境。找一个上好的咖啡西餐厅,当手捧拿铁迎接日出,畅饮冰萃拥抱日落;或者三五好友相聚读书学习,享受着店里现做的美味健康的西餐美食时,那种仪式感的 feel 也许就找到了。

你想问在哪儿能找这种感觉?不妨来泰安 35 号咖啡西餐厅体验一下。这家餐厅,以咖啡文化为基础,配以精致西餐,带给食客的不仅是美食盛宴,更传递了一种生活态度——自由、随性、热爱。

A love song concerning coffee

一曲关于咖啡的小情歌

✎ 子昂

高级之处却不仅仅是环境，它的灵魂是美食老板遍访西餐前辈，从广东高薪聘请厨师操刀出品，精选世界各地食材。为泰安广大西餐爱好者，带来不一样的味道，原切牛扒和现烤披萨、现磨咖啡获得广大美食爱好者一致好评。

35号咖啡西餐厅的过人之处，还在于它走出餐厅，积极投身各种公益活动。此前，餐厅负责人了解到"黎明脚步"的公益行为，热情地留出一面墙体，积极呼吁大家走进黎明跑出健康，唤醒大家的健康意识，为全民健身贡献自己的一份力量。小小的仪式在温暖的咖啡厅里形成了一道特别的风景，与暖色调的完美结合，更是将黎明脚步平和友善的团队素养如实突出。寒冬里，还有为环卫工人熬好姜汤，送上一个热气腾腾的问候。

在餐厅里，有大大的照片墙，每张照片代表着一个故事，每个人物背后都有快乐与无限回忆，若有时间去咖啡厅品一杯下午茶、看看他们的故事吧。

Travelling through the thousand-year-old Dawenkou

跨越历史之桥
走进汶口古镇

✎ 郝亚松 📷 张仁东 王纪银 王立山

汶河古渡明代石桥,贯通南北交流要道;明清重镇山西会馆,车水马龙一派繁华;汶阳田地养育汶口,著名粮仓享誉一方。这里,南连泰山,北接曲阜。这里,青石板街,石头古屋,尽显古朴;这里,现代展厅,乡奢酒店,处处新奇。泰安岱岳区大汶口古镇,用乡村诉说着历史,用城市书写文明,浸润千万顷沃土,孕育六千载文明。

泰山之阳,汶水汤汤,通贯古今,源远流长,这份跨越千年的文化情怀,正是岱岳区大汶口镇的特色。因五条汶水汇聚之口而得名的大汶口镇,是大汶口文化的发源地和命名地、历史上著名的商埠重镇,处于泰安市"历史文化轴"的重要节点。古镇的复兴,在最大程度保留古镇原始风貌基础上,从传统中式元素中提炼出神韵,唤醒了人们心中深藏已久的院落情结。

一方泳池、六间风格迥异的客房,充满着青春岁月热情,"山楂树之恋"院落、"蔷薇"院落、"香水"院落、"石上"院落……等12个不同院落,每个房间都有不同的主题、风格,能够满足各类人群的需求。儿童主题美术馆、1处文化中心

展厅、中西餐厅、咖啡厅……古镇在保持原有胡同肌理、老房子韵味的基础上，整合种种优势与特色，打通新与旧的脉络，使其汇聚一体，形成"汶口古镇"文化品牌。

　　走进古镇，狭长的石板路映入眼帘，虽不平坦，却磨得光滑，散发出一种久远的年代感。眼下民宿旅游正成为一种时尚，与国内诸多著名的景点式古镇不同的是，汶口古镇不是在塑造一个景点，而是打造一种生活状态，人们来到镇里能真正感受和融入当地生活，清晰地触摸中国乡村的进步。

　　作为山东省政府公布的 60 个特色小镇之一，大汶口水上石头古镇项目通过现

有居民异地搬迁安置,维持古镇原始风貌和自然风光,形成了具有鲜明特色和文化内涵的国际化休闲旅游示范,通过老村传统元素与国际艺术的融合、混搭,让人们既能体验到大汶口文化原生态的传统作坊的形态,又能满足当下新的生活需要。

古镇的复兴,留住了这里土生土长的乡亲们,让大汶口形成了文化、休闲、观光、生态于一体的水上石头古镇,贯穿"圣山圣人源文化,成泰山之尊,著孔孟之贤"的理念,依托"北登泰山,南游曲阜,夜宿大汶口,赏古镇风情,观汶河夜景"平台的中国大汶口国际化生态旅游特区逐渐形成。

泰安**不止有泰山**，
还有温润的泰山玉、
待客的泰山茶、
赛人参的泰山板栗、
和皇帝钦定的宫廷御酒。
宁阳大枣、肥城桃，
**山城有礼，
来了可别空手走。**

Besides Mount Tai, Tai'an has Taishan jade, Taishan tea, Taishan chestnuts and imperial wine approved by the emperor. There are many other specialties such as Ningyang jujube and Feicheng peach in Tai'an. Once you visit the city, please do not leave empty-handed.

第八章 山城有礼

8 / Eight

Specialties of Tai'an

The past and present of
Taishan jade

泰山玉
的前世今生

✐ 刘传录　📷 刘国庆　王田军

泰山脚下有一个小村庄叫石蜡。石蜡村的"蜡"字一般用蜡烛的"蜡"，可是村民们用的都是老辈传下来的一个字，上面是"分"，下面是"石"，音通"蜡"。这个《现代汉语词典》里都查不到的字，已在石蜡村流传了许多年，石蜡村"分"开"石"头就能见到玉，是不是真的呢。

我们把寻找泰山玉的目光盯向泰山文化的源头——大汶口文化遗址。著名的"大汶口文化"，是以泰山脚下的"大汶口"命名的。就在大汶口文化遗址，考古学家们出土了玉铲、玉臂环、玉指环等随葬品。也就是说，早在6100年到4600年前的原始社会时期，玉已经成为贵重的装饰品。众多的大汶口文化遗址分布在泰山周边，根据当时原始部

落的条件，玉质随葬品来自远方的可能性很小，应该来自泰山地区！

古代封禅泰山用的是否是泰山玉呢？1931年，军阀马鸿逵的部队在泰安蒿里山巅无意中挖出唐玄宗、宋真宗的禅地玉册，唐玄宗的禅地"玉册"，其质地其实是白色大理石；宋真宗的禅地玉册倒是真玉，用的是和田的白色闪玉。这说明两个问题，一是泰山玉可能在唐宋时期，二是泰山玉玉质不如和田的白色闪玉。

寻找泰山玉，我们的另一个渠道就是在古籍中寻找。《尚书·禹贡》记载："岱畎丝、麻、铅、松、奇石。""岱"指泰山，"畎"指田地，这段记载说明大约在四千年前，"岱之奇石"就名扬四海了。"岱之奇石"是不是泰山玉呢？很有可能，但我们也不能肯定。

第一次对泰山玉有明确记载的是先秦古籍《山海经》。据《山海经·东山经》记载："（独山）又南三百里，曰泰山，其上多玉，其下多金……环水出焉，东流注于江，其中多水玉。"这段话的意思是：独山再往南三百里有座山，名叫泰山。山巅有很多玉石，山坡下有很多金矿石……江水就发源于泰山，从泰山流出后便向东流去，

最后汇入江水,江水中有很多水晶。

著名史学家台湾苏雪林女士、大陆何幼琦、何新等先生均破释:古典奇书《山海经》中的鬼怪鸟兽,是四五千年前分布于泰山周围的原始氏族部落图腾,其中西王母居住的神秘昆仑山就是泰山。如果这种观点成立,《山海经》中记载的"昆仑之玉""西王母之玉"等,就均为泰山玉。

《山海经》之后,对泰山玉有明确描述的是魏晋时期曹植的诗作《驱车篇》:"驱车掸弩马,东到奉高城。神哉彼泰山,五岳专其名……上有涌醴泉,玉石扬华英……"曹植曾被分封为东阿王,东阿离泰山很近,从泰山往西去不足七十公里。泰山"玉石扬华英"应该是曹植的真实见闻。不经意间,曹植成为泰山玉在魏晋时期就已经存在的见证人。

五代时期,道书《福地记》中曾记载:"泰山多芝草、玉石。"这种简练冰冷的文字,应该是作者对文献的引用。五代之后,历史文献对泰山玉的记载居然销声匿迹了。盛名之下的泰山玉,犹如一去不复返的仙鹤,留给世人无尽的遐思之情。

文献中再次发现有关泰山玉的记载,是在明朝嘉靖年间的《泰山志》里。书中记载:"《山海经》中言之泰山'其上多玉',今不可见。古人云:'岳巅间尝一炫光彩。'意者其玉韫之辉与!"这段记载很有意思,一方面很肯定地说泰山玉"今不可见",但是又引用当地人的话说"岳巅间尝一炫光彩"。泰山到底有没有玉呢?官方说没有,民间认为有。

公元2009年5月,一则喜讯从石蜡村传出——石蜡村发现了玉石矿!这个令人振奋的消息一经传出,昔日宁静的石蜡村,迅即成为世人关注的焦点。

山东省地矿局第五地质勘查院的勘探数据显示:泰山玉石矿主要分布在石腊村、界首村一带,矿床呈带状,资源量初步估算在九百万吨以上。该石为蛇纹石质玉,致密块状,硬度五点八度左右,岩性为变超基性岩,形成时间距今二十五亿三千六百万年,形成过程为深源岩浆沿构造侵入,富镁超基性岩受高温气体——液体作用变质而成,属变质超基性岩浆矿床。

泰山玉现世了!它被专家鉴定命名为"泰山碧玉""泰山墨玉""泰山翠斑玉"等品种。

泰山玉有一位"兄长",那就是"泰山石敢当"。"石敢当"是"灵石敢于抵挡一切"的缩写,其真身就是泰山上的石头。一块石头就可以挟泰山之威行走天下,那么"泰山石之美者"——泰山玉呢?所以,从现世的那一天起,泰山玉就具有了神奇的文化内涵。

Auspicious Taishan stones

吉祥如意泰山石

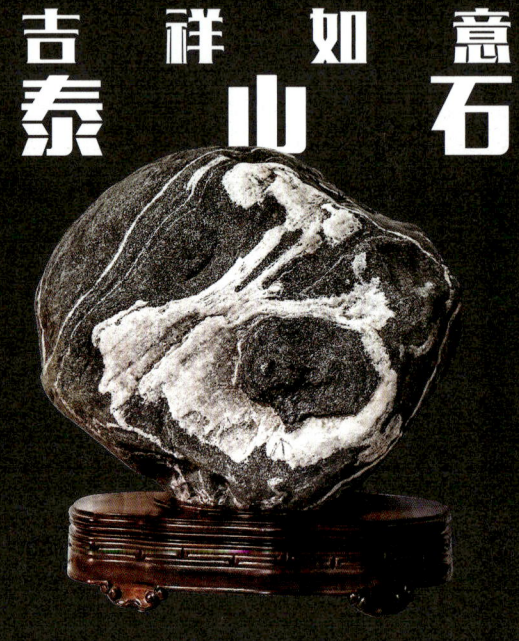

✎ 刘传录 📷 刘国庆 王田军

    第一次真正注意到"泰山石",是在一次登泰山途中。导游自豪地说:"我们泰山到处都是宝,就连石头也是。"

    "泰山上的石头?泰山石!"一语惊醒梦中人!中国很多传统宅院门口,会立一块"泰山石敢当"的碑刻,用来镇宅辟邪。听老人说,这样的碑刻要用泰山石来做,但是很多人摆放的都不是真正的泰山石。

    以假乱真的泰山石很多,对于这些,不是奇石爱好者的我并不在意,也从不区分真假。直到听到导游的话,我才意识

到,如今我所站之地,到处都是泰山石,如假包换,一股神圣感油然而生。

泰山,在古代是百姓崇拜、帝王告祭的神山,有"泰山安,四海皆安"的说法。泰山石产于泰山山脉周边的溪流山谷,因此民间一直把它当作保家庇护的灵石。

泰山石在泰安市泰山主峰周围山区的东溪、西溪、东麓麻塔、下港峡谷以及山脉周边的溪流山谷皆有分布,尤以主峰西部桃花峪峡谷中所产成色为佳。济南历城、长清所产的黑白花卵石,也

归入泰山石一类。

泰山石质地坚硬,基调沉稳、凝重、浑厚,多以渗透、半渗透的纹理画面而出现,以其美丽多变的纹理和年代久远的风化外形而著名。泰山石以其古朴、苍劲、凝重的格调名扬海内外,再加上民间有泰山石能避邪、镇宅等传说,取稳如泰山、石来运转之意,因此,泰山石又被称为风水石。

有意思的是,根据纹理分布,泰山石可分为"文字石""数字石""人物石""天文地理""山水景观""花鸟鱼虫""十二生肖"等,或凸或凹,或动或静,龙飞凤舞,千变万化,包罗万象,直接还原了大自然景观。

《石雅》说,泰山"麻石中有文如阿拉伯数字者,泰山也称之文字花岗石"。文字花岗石在泰山石中占有一定比例;观其书法,当见线条奇异,铁划银钩,力透石背,刚柔相济,可使人领悟先甲骨,胜钟鼎,颜、柳、米、蔡犹不及的天书风采。

据说,泰安的泰山石由于混杂了部分山石,而不仅仅是卵石,故而感觉更粗更峻,构图以绚丽多姿的花纹及山水树木为主;济南的卵石主要是水冲石,其质地相对细密,画面则以人物和动物居多。泰山石中的佳品,多出自水冲石。

懂石的人曾说,泰山石,一石一景,一石一物,一石一天地,一石一世界。欣赏泰山石,可以使人领略大自然造化的神韵和鬼斧神工,出神入化,有回归自然之感,使人切实体会到"天人合一"的真谛。观赏泰山石是心灵与自然的沟通,能使人忘却城市的喧嚣,进而陶冶情操,净化心灵。"天地精气结,石里有乾坤,清静无燥气,返朴以求真。"

需要注意的是,为了保护泰山和泰山石资源,制止私采滥挖泰山石和非法买卖奇石的行为,2004年以来,泰安市对泰山石进行严密的保护,对奇石市场进行集中整治,依法关闭取缔所有大型石头存放和交易场所。去泰山旅游,很多导游也会提醒游客不要随意带走泰山上的石头。保护泰山,保护泰山石,应该是每个人的责任。

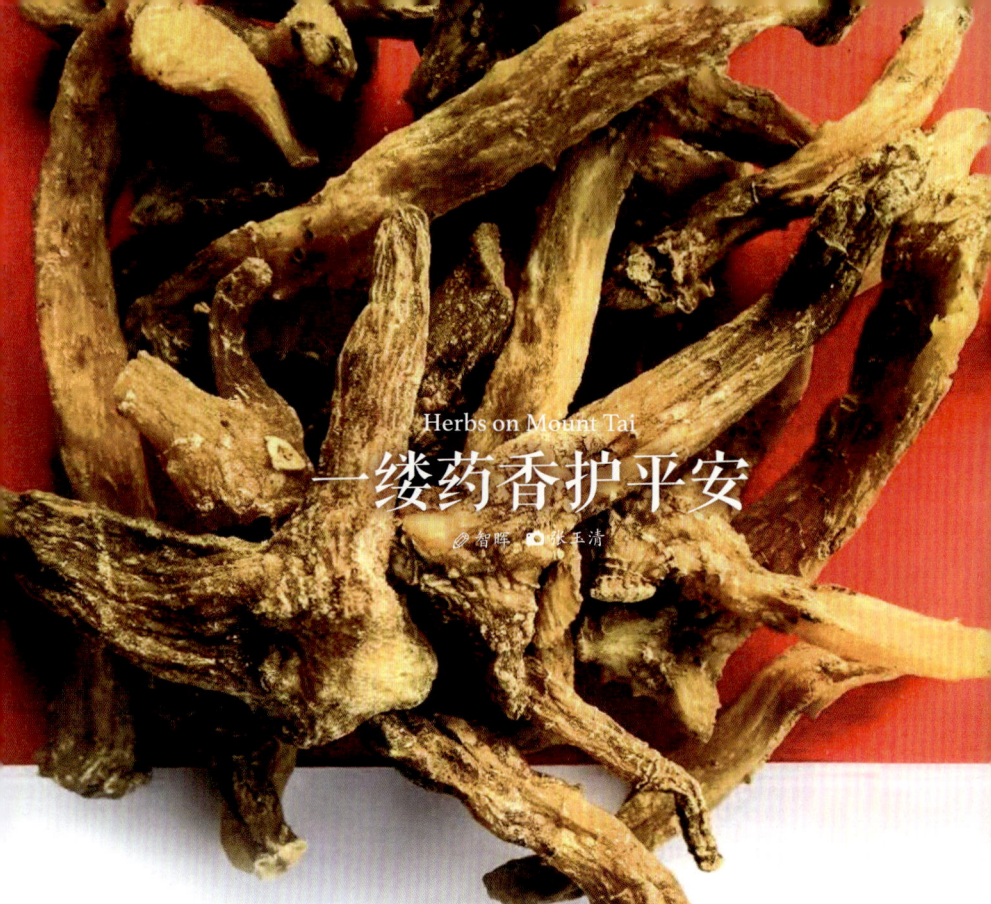

一缕药香护平安

Herbs on Mount Tai

✍ 窗晖 📷 张玉清

自古名山出名药。雄伟壮丽的泰山,山势起伏,绵延数百里,以其独特的地理环境和气候条件,孕育出数以千计的名贵药材,尤以"泰山四大名药"最具影响。

"泰山四大名药"称谓出自《泰山药物志》,该书是泰山名医高宗岳先生花费十多年心血编著而成。他从泰山上生长的药材中筛选出独具特点的何首乌(白首乌)、四叶参、紫草(硬紫草)、黄精这四种药材,定名为"泰山四大名药"。

高宗岳,字宗岱,泰安县汶口东武村(今泰安市岱岳区)人,中西名医。他出身中医世家,自幼喜爱中医药学。据说,1935年黄河决口，鲁西受灾，大批灾民拥入泰安，疫病流行，他便每天徒步为灾民治病，救了很多人。在救人的间隙，他还潜心研究泰山药物，遍访山民、药农和僧道，实地考察各类药物，收集"特产"药物60余种，"通产"药物500余种。

后来，高宗岳参考了其他医药典籍，加上自己的临床经验，用了十多年时间写成《泰山药物志》一书。书中详细记载了泰山药物的生长、习性、形态、分布、品种、质地鉴别等内容，是医学界研究和采集泰山药物的重要资料。"泰山四大名药"因为该书名噪一时。

随着时光的推移，"泰山四大名药"在泰山上难觅踪迹，知道这些药材的人渐渐少了，很多人知道却从来没见过。1986年，泰山脚下一个普通的农民张玉清，无意中读到了《泰山药物志》中关于"泰山四大名药"的描写，从此便怀着一腔赤诚，踏上了寻药之路。攀悬崖、入深涧、风餐露宿……历经艰辛，用15年时间，终于找齐了"泰山四大名药"。

更让人佩服的是，张玉清找齐"泰山四大名药"后，还到泰山上义务播种，让四大名药回归泰山。如今70多岁高龄的他，依旧关注着"泰山四大名药"，并开展产业化种植，带领周边的农民发家致富。

泰山何首乌具有强筋壮骨，补肾壮阳之功效，被历代名家视为摄生防老之珍品；泰山四叶参含多种维生素、皂苷、多糖，具有养阴润肺，益胃生津等功能；泰山紫草味微苦，性微寒，具有活血、凉血、清

热解毒、利尿、消炎杀菌等功效；泰山黄精性味甘平，具有润肺滋阴，增强人体免疫力，降血糖、血脂，抗菌抗病毒等功效。

说起"泰山四大名药"的功效，张玉清如数家珍，他还在泰山脚下建了一处紫藤庄园，将名药做成佳肴招待宾朋。这不禁让人感叹：千百年来，"泰山四大名药"依泰山而生，靠自己独特的药性守护着人们的健康。千百年来，泰山脚下的人一代代繁衍，凭自己的坚持守护着泰山和山上的生灵。

登泰山而小天下
品山茗而畅心脾

Taishan tea refreshes body and mind

李悦 📷 *王洪章*

人生碌碌，无论学习、工作还是生活，总有劳累和不顺，这时人们多会选择走出家门，解放身心，去看看不一样的风景。作为一个山东人，也曾走过不少山东的名胜古迹，泰山作为山东的最高峰，无论是巍峨壮丽的自然景色还是源远流长的人文历史都是让人心生向往之地。

初登泰山，惊叹于大自然的鬼斧神工，山峰高耸直入云海，刀削般的岩壁在郁郁葱葱、连绵不绝的绿色植被间掩映可见。登泰山，除了欣赏美景，也是对自身体力和毅力的考验，征服山巅的过程中要是能喝上一碗沁人心脾的泰山茶，不仅可以缓解运动后的疲惫，还能顺便品尝一下当地特色茶品的风味。

泰山茶是泰安一大特产，产于泰山景区，因泰山景区海拔高，昼夜温差大，茶叶自然品质形成好，香高味浓。关于泰山茶还有一个传说，相传乾隆皇帝到泰山封禅，要品当地名茶。因泰安并无茶树，于是官吏们选来美丽的少女，到泰山深处采来青桐芽，以泰山泉水浸泡，用体温暖热，献给皇帝品尝。

最早的泰山茶并不是真正意义上的茶。

从1966年起，泰安开始引种茶树。经过几代人的努力，现在泰山脚下的茶园成为目前我国最北方的茶叶种植基地。茶园的土质肥沃，有机物质含量高，生态环境极其优越，茶区周围林木葱郁，空气清新，无污染，气温适宜，降水量适中。茶园基地选用国家级茶树良种，按有机茶园标准整地、栽培、管理，保证了所产"泰山茶"的品质。

饮茶是中国的传统饮食文化，全国各地的茶叶种类非常丰富，不同的茶叶也有着不同的风味和功效。泰山茶，产茶区纬度高、光照时间长、昼夜温差大，茶树休眠期长，采摘期短，所产茶叶叶片肥厚坚结，茶色清澈剔透，饮之回味醇美，留香悠长，有浓厚的泰山板栗香气，素有"茶中板栗"之美称；且营养成分含量高，富含钾、钠、锌、铁、锰等微量元素，常饮有清心提神、软化血管等功效。

爬泰山时，走过回马岭，不妨坐下来品一杯茶，既提神醒脑又消除疲劳，放松身心的同时，还可以在大自然的怀抱中品尝到正宗的泰山味道，为接下来登顶雄伟的五岳之首，体验"会当凌绝顶，一览众山小"的感受提供动力。

Taishan chestnuts rival ginseng

小小板栗赛人参

凡雁 📷 王立军 付鹤鸣

一转眼又到了吃板栗的季节，街边开始陆陆续续飘起板栗热腾腾的香气，那种破壳而出的粉糯清甜，总能温暖整个冬季。每年农历八月，桂花香味溢满山头。泰山东部山区，一种上天赐予劳动人民的物产酝酿成熟，它以其耐病虫害、耐干旱等特点，成为周边村镇居民"靠山吃山"的典型代表，它就是泰山板栗。

泰山板栗又叫明栗，早在明清时期就被定为"皇室贡品"，民国以来，更是蜚声国际市场，被誉为"泰山甘栗"。糖炒栗子呈深棕色，油光锃亮，皮脆易剥，软糯适口，香甜美妙，做糖炒栗子的最好原料就是泰山板栗。

栗子好吃，采摘却并非易事。采收时应避开雨天、雨后初晴或晨露未干时段，否则采收的栗果易腐烂。最好在连续几个晴天后集中采收，这样采收的栗子皮色鲜亮、个体饱满、含水量低、品质好，不易腐烂，耐贮存运输。一般人以为板栗只有一层皮，事实是两层，在板栗红褐色的皮外面，还有一层天然绿色带刺的壳，而且板栗树很高，要想把板栗摘下来，还得爬上树，用木头棍子像打枣一样打板栗。板栗成熟以后，有的自然坠落，有的会带着外面带刺的壳一起掉下来，被刺扎手是家常便饭，但是看着丰收的果实也不算什么了。

古诗中曾说："老去自添腰腿病，山翁服药旧传方，客来为说晨兴晚，三咽徐妆白玉浆。"这是告诉老人们食用板栗补肾的科学方法：每天早晨和晚上，把新鲜的栗子放在口中细细咀嚼，直到满口白浆，然后一次次地慢慢吞咽下去，就能收到很好的滋补效果。

泰山板栗的营养保健价值虽然很高，但也需要食用得法。不能一次大量吃，吃多了容易胀肚，每天只需吃六七颗，坚持下去就能达到很好的滋补效果。最好在两餐之间把栗子当成零食，或做在饭菜里吃，而不要饭后大量吃。这是因为栗子含淀粉较多，饭后吃容易摄入过多的热量，不利于保持体重。选购栗子的时候不要一味追求果肉的色泽洁白或金黄。金黄色的果肉有可能是经过化学处理的栗子，相反，如果炒熟后或煮熟后果肉中间有些褐色，是栗子所含酶发生"褐变反应"所致，只要味道没变，对人体就没有危害。

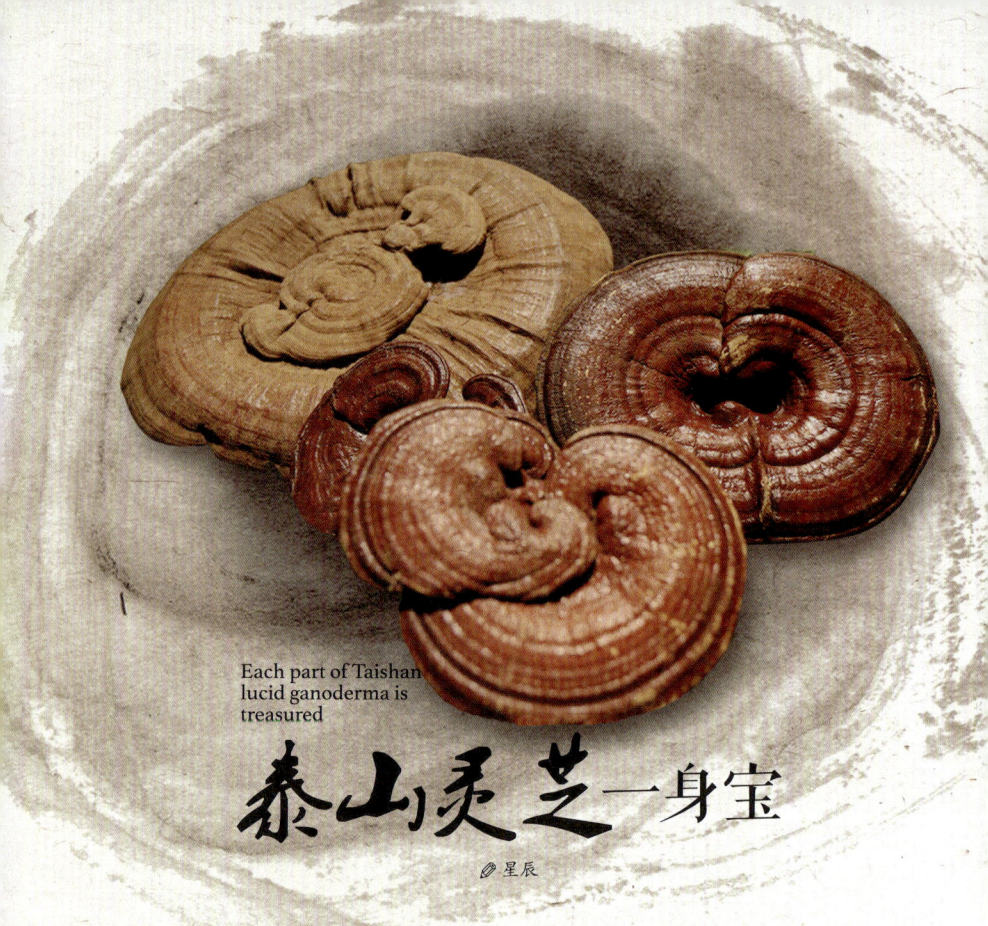

Each part of Taishan lucid ganoderma is treasured

泰山灵芝一身宝

◎星辰

　　数千年来灵芝在人们心中就是仙草灵药的代名词,可遇而不可求。屈原《九歌·山鬼》中曾云:"采三秀兮于山间,石磊磊兮葛蔓蔓。"灵芝以泰山赤灵芝为佳,可入药的还有紫芝等。

　　有"仙草"美称的泰山赤灵芝,还有一段美丽的传说:在泰山上曾经住着一户贫穷的母子,母亲久病不起,儿子又无钱给老母亲治病。一天,儿子上山放羊,突然,一位身着红衣的少女手捧几棵灵芝,来到他的面前笑着说:"拿回去给你母亲煮汤喝,不出三天她的病就会好了"。回家后儿子按照少女的嘱咐给母亲用药,果然,三天后母亲的病就痊愈了,母子十分欢喜。从此,儿子经常和这位送灵芝的姑娘见面,姑娘喜欢儿子的勤劳,儿子喜欢姑娘的善良,两年以后他们结为夫妻,一家三口过上了美满的生活。

灵芝一般生长在湿度高且光线昏暗的山林中,主要生长在腐树或是其他树木的根部,而不是像一些文艺作品中介绍的长在松柏的枝上。灵芝不是植物,自身不能进行光合作用,只能从其他有机物或是腐树中摄取养料。灵芝是一种坚硬、多孢子和微带苦涩的大型真菌,达到成熟期的灵芝就会喷出粉状的孢子,从而进行繁殖。

泰山赤灵芝在我国作为药材使用的历史已经有2500年以上,《列子·汤问》便总结了春秋战国时期利用灵芝治病保健的经验:"煮百沸,其味清芳,饮之明目、脑清、心静、肾坚、其宝物也。"而《神农本草经》和《本草纲目》一直把灵芝作为"治百病、益寿延年"的"神仙草"。古代医生在治疗各种疾病之时,往往把灵芝当成一味方剂来使用,并不需要其他药材的配伍。

泰山灵芝含有17种氨基酸和23种微量元素,与人体健康密切相关的锌、铬、锶等含量丰富,能促进人体新陈代谢和血液循环,尤其增强吸收氧能力的锗含量明显高于人参,所以灵芝对治疗冠心病、心肌梗塞、神经衰弱,以及肝炎、气管炎和肾炎等病症均有良好辅助作用。灵芝直接服用的方法很多,灵芝片冲茶时,将灵芝片放入茶杯,用沸水冲泡10分钟后趁热饮用,并可续水与少量茶叶反复饮用。也可取灵芝切数片,加入600毫升水,慢火煮半个小时,经过滤加蜂蜜饮用。

泰山野生灵芝暴露在自然环境中,经日晒雨淋,其色泽温润。由于生长期较长,少则数年,多则上百年,木质化程度较高,其硬度很高,而且大小不同、形状各异。此外,人工栽培的灵芝洒有农药,很少有虫害,而泰山野生灵芝常会留有不规则的虫眼。在有效成分方面,两类灵芝也有很大差别。灵芝中最有价值的有机锗和有机硒在人工种植灵芝中根本不含,微量元素在人工种植灵芝中的含量也远不如野生灵芝多。

Superb Taishan liquor

古有玉液香 今有泰山酒

✍ 梦秋 📷 视觉中国

有着5000多年历史的白酒,是中国人的精神食粮,是中国酒桌文化的精髓。

中国的白酒是谁发明的?对于这一点,东汉许慎在《说文解字》中说:"古者少康初作箕帚、秫酒。少康,杜康也。"宋人张表臣在《珊瑚钩诗话》中说:"中古之时,未知曲糵,杜康肇造,爰作酒醴,可为酒后,秫酒名也。"

古代很多人都推崇"杜康造酒"说。杜康即少康,夏朝的一个帝王,也是中国古代传说中的"酿酒始祖",后世多以"杜康"借指酒。

根据古人的记载,酒的发明也相当偶然。有一次,杜康把剩饭

放在空桑之中，日子久了，饭自然发酵，散发出一种芬芳的气味，并流出一种液体，杜康取而饮之，感觉其味甘美。杜康受此启发，发明了酒。

事实上，根据考古发掘，在三四千年前的商代青铜器中已发现盛有酒。通过对我国原始文化遗址的发掘，可以更清楚地知道，无论是早期的仰韶文化，还是随后的龙山文化和良渚文化时期，都发现了盛酒用的陶器，有的还十分精致，在这同时还出土了酿酒用的酒缸。这说明远在杜康时代以前，我国已有了酒。

周代大力倡导"酒礼"与"酒德"，把酒的主要用途限制在祭祀上，于是出现了"酒祭文化"。春秋战国时期，由于铁制工具的使用，生产技术有了很大的改进，为酒的进一步发展提供了物质基础，所以春秋时期的文献，对酒的记载很多，比如《论语》云："有酒食，先生馔，曾是以为孝乎。"

说到酒祭文化，就不得不说泰山封禅。自秦始皇开始，历代帝王大都要封禅泰山，以祈求国泰民安。据说封禅祭祀用的酒，都出自泰山的酒作坊。泰山酒的酿造历史要追溯到距今五六千年前的大汶口文化时期。从泰山南麓大汶口文化遗址出土的陶鬶等酒器证明，在新石器时代，东岳泰山就已经有了酿酒的历史。

历代帝王在泰山的封禅祭祀活动，给泰山以及泰山酒披上了一层神秘面纱。据说，乾隆皇帝十二次登祭泰山，饮的也是泰山酒，他还把泰山酒钦定为宫廷御酒。

2016年，山东公布了第四批省级非物质文化遗产名录，泰山酒业集团申报的"泰山酒传统酿造技艺"项目，凭借其丰富的文化内涵和精湛的酿酒技艺名列其中。

泰山酒业至今已经走过了七十多年的光辉历程，企业之所以能够发展到今天，离不开对泰山酒传统酿造技艺的传承和创新。泰山酒酿造技艺传承谱系完整，泰山酒业作为泰山酒酿造技艺的主要传承单位，经过一辈辈传承人七十多年的不懈努力，从一个小酿酒作坊发展成为鲁酒领军企业。从入选上海大世界基尼斯之最的小窖酿造车间，到获得纯粮固态发酵标志，再到"太空育种"的高科技嫁接，泰山酒的传统酿造技艺不断得到创新和发展。

日食三颗枣 长生永不老

Three dates a day makes you immortal

✍ 梁梁
📷 王长民

据史料记载，红枣是原产中国的传统名优特产树种。经考古学家发现的枣核化石，证明枣在中国已有8000多年历史。

早在西周时期，人们就开始利用红枣发酵酿酒，作为上乘贡品，宴请宾朋。《诗经》中有"八月剥枣"的记载。《礼记》上有"枣栗饴蜜以甘之"，并用于菜肴制作。《战国策》有"北有枣栗之利……足食于民"，指出枣在中国北方的重要作用。《韩非子》还记载了秦国饥荒时用枣栗救民的事，所以民间一直视枣为"铁杆庄稼""木本粮食"之一。

山东是著名的红枣产地，广泛分布于莱芜、泰安等地。山东红枣以果实硕大、果肉肥厚、含糖量高等特点而出名，其中比较出名的有宁阳大枣、乐陵金丝小枣、沾化冬枣等。从枣文化、历史悠久以及经济发展上来说，宁阳大枣相对比较出名。

"宁阳大枣还得是现打的好吃，新鲜爽脆，甘甜可口。"宁阳大枣又称圆铃枣，因产于山东省宁阳县而得名，为泰山三大特产之一。宁阳大枣已有三千多年历史，以枣大极其甜而闻名。南宋文天祥曾写诗赞美宁阳"桑枣人家近，蓬蒿客路长"。

俗话说得好："日食三颗枣，长生永不老。"枣作为药用也很早，《神农本草经》已收载，历代药籍均有记载，对其养生疗病的认识不断深化。

宁阳大枣个大皮薄、肉质肥厚、甘甜爽口、微量元素含量高，是一种高级滋补营养品，并具有极高的药用价值，能健全人体毛细血管，防止出血性疾病，对高血压有显著疗效，还具有养胃健脾、益肝壮肾、延年益寿之功能。1982年被卫生部列为国家保健枣，1986年宁阳被林业部列为全国大枣培育基地县，2000年宁阳被评为全国"大枣之乡"。

宁阳大枣加工种类繁多，有"泰山牙枣""山东硬式蜜枣""无核软式蜜枣""圣门酒枣""枣河牌北洋枣酒"等十多个种类，远销国内外。宁阳大枣含维生素居群枣之首，被当今医学界专家称之为"天然维生素丸"。据化验分析，鲜枣含糖量44%，干枣含糖量85.5%，含蛋白质3.3%，每百克干枣含维生素C14.2毫克，另外还含有维生素A、维生素B。

枣子晾干，撕开果肉，能扯出金丝儿，枣子尝起来可香甜啦。宁阳大枣呈椭圆形，色泽深红，皱纹粗浅，富有弹性，肉质肥厚，味甘甜，重要特点就是香甜软绵，鲜枣蒸后更佳，正因为甜度高才能拉出金丝儿。

宁阳大枣香气浓郁，屋内摆放一盘宁阳大枣，枣香浓郁，令人陶醉。独特的枣香是多种酯、酚、醇类物质相互反应作用的结果。

天上蟠桃 人间肥桃

✎ 梦凡　◎ 王伟　戴巍　武晓霞

Flat peaches in heaven, Feicheng peaches on earth

提到泰安肥城,首先想到的就是桃。桃在肥城被赋予了特殊的文化含义,桃、桃花和桃木成为民间"辟邪旺财、福寿平安、好运吉祥"的象征。

肥城的桃又被称为"佛桃",关于它的由来,有一段美丽的神话传说。

相传,明永乐年间,皇帝下令从山西大规模地往山东迁民。在迁民行列中,有一个郭姓人,他觉得现在的肥城桃源镇郭刘村一带是块福地,就选此定居,繁衍子嗣。

一年中秋之夜,正当人们吃酒赏月的时候,突然霞光满天,一座精致的小佛庙,从空中落到了村子中央。人们争相前来观望,只见佛堂中央并排着一溜金光闪闪的铜像,它们笑容可掬,体态各异,由高到矮依次排列。人们细心一数,共有九十九尊铜像。庙前有一眼水井,水井旁长出了一棵枝叶茂盛、硕果累累的大桃树。看那桃子,个头特别大,老

远就能闻到诱人的清香。

到了第二天,村子上空飞满了嗡嗡嘤嘤的蜜蜂,村里村外的树株上挂满了蜜蜂窝,人们数了数,刚好九十九窝。再看那棵桃树的时候,发现树中央有一个个头最大、颜色最艳的桃子,摘下来一看,桃子大如碗口,桃子上红黄交织的颜色,呈现出一个"佛"字。

昼夜之间,突然出现了九十九尊铜像、九十九窝蜜蜂和这神奇的桃树,村里人认为,这是佛祖降福于村民。于是,他们取村名为佛凤(蜂)庄,给桃取名为佛桃。从此,本村和邻村的百姓都取这棵佛桃树的枝条作接穗,接在当地的毛桃树上,佛桃很快在这一带生长繁衍开来。

佛桃名称的由来,还有另外几种说法。第一种说法是于中秋节成熟,当地群众多以此供佛,故名佛桃;第二种说法是因肥桃成熟,果顶微尖,果下部凸起外部旁侧有一小凹如佛脐而称佛桃;第三种说法是,明清时期,肥城地方官以此桃作贡品献给皇帝,被皇帝封为"佛桃";第四种说法是此桃原产于肥城县的佛庄,因此叫作佛桃。

不管哪种说法更准确,桃和桃文化确实在肥城传承了千年,融入到了当地百姓的生活中。肥城成为名副其实的桃乡。

据说,桃木有压邪驱鬼的作用,古人在过年时会在桃木板上分别画上"神荼""郁垒"二神的图像,悬挂于门首,意在祈福灭祸。后来,人们图省事儿,就直接在桃木板上写上"神荼""郁垒"二神的名字。这就是最早的桃符。

肥城的桃木雕刻就源于古代的桃符。在肥城,桃木不仅被做成桃符,还被雕刻成精美的佩饰挂件和工艺品。从唐代开始,

肥城就出现了桃木制作的行当。明清时期，肥城桃木雕刻进入鼎盛发展阶段，出现了一批雕刻技艺精湛的工匠，形成了完整成熟的雕刻技法和独特的艺术风格。桃木雕刻成为木雕行业的佼佼者。

千百年来，肥城桃木雕刻民俗与人们的生产生活紧密相连，形成了桃木雕刻特有的民俗文化内涵。在桃乡人的潜意识中，桃木雕刻大型挂件、摆件能平抑人们的心气，陶冶人们的情操，消忧驱愁，镇邪疏运，人财兴旺；桃木雕刻佩饰系在孩子手腕或挂在脖子上，可消灾驱邪。姑娘系在荷包上，可青春永驻，心地善良。老人系在身上可健康长寿，儿女满堂。新郎新娘带上，可祛邪和睦，恩爱有加。

肥城桃木雕刻在传承过程中逐渐形成了不同人群、不同行业、不同时间、不同地点、不同形式配置不同桃木雕刻制品的

习俗。春节门前挂桃符、三月三踏青插桃花、五月五日挂桃枝,家中悬挂桃木剑、桃木斧,儿童佩带桃篮、桃珠等,都成为桃乡特有的习俗。

此外,桃花是最具中华文化特色的植物之一,它象征着浪漫与美好,福寿与安康。肥城是桃花盛开的地方,被列入上海大世界基尼斯纪录,有"世界最大桃园"的美称。

木鱼石的传说

The legend of Muyu stone

秋巧 石艺坊 张忠海

"有一个美丽的传说,精美的石头会唱歌,它能给勇敢者以智慧,也能给善良者以欢乐……"很多人知道木鱼石是源自电视剧《木鱼石的传说》,但可能大部分人都不知道,木鱼石其实是地地道道的泰山特产。

木鱼石最早产于泰山山脉馒寿山,相传形成于寒武纪中期地质时代,是浅海中经化学沉积形成的一种珍贵的矿产资源,距今约5.5亿年。因它特有的粉晶结晶结构和纹理清晰流畅酷似木纹也被称之为木纹玉、石中黄子、太一余粮、禹余粮,是独产于泰山的一种石头。

木鱼石主要成分为三氧化二铁,并含有少量磷酸盐,高岭土及镁、钠、锌、钙等20余种元素,其中许多是人体所必需的微量元素。经大量木鱼石泡水试验证明,水在木鱼石器具中放一个小时以上,水溶解的微量元素和矿物质的含量即能达到国家矿泉水的限量指标。因为木鱼石中稀土元素含量适中,故此作为茶具的防腐和通透性好,用其泡茶即便是在酷暑的季节,五天内茶水仍可饮用不会变质。木鱼石做出来的茶具可以和宜兴的紫砂茶具相媲美,"南有紫砂壶,北有木鱼石"说的就是这个意思了。

用木鱼石盛酒也有奇效,经检测,用木鱼石器具盛酒(白酒)24小时,甲醇含量可降50%,杂醇油含量可降65%以上,酒精含量不变。任何白酒在木鱼石酒具中放置20分钟,即可变得软绵甘甜可口,辣味苦味明显减轻,与盛入其他酒具中的酒形成明显的差别。

作为一种矿物类中药,木鱼石在我国大多数药学著作和药典中均有记载,《神农本草圣经》将其列位上品,"久服可延年不老";《本草纲目》记述:"久服耐寒暑不饥,轻身延年不老、除邪气。"许多中药方剂中都含木鱼石,其有止血、止泻之功效。

真正的木鱼石是具有天然石花的。机器冲压的木鱼石纹理很规则,没有天然感。木鱼石器具是用整块石头打磨雕刻而成,颜色呈紫檀色,颜色越深越好。杯子扣过来放在耳边有大海的波涛的声韵。泰山的木鱼石质硬无味,以整齐不碎、紫檀色、断面显层纹无杂石者为佳。

目前,泰安市生产的木鱼石制品有:保健品杯、饮水器、茶具、酒具、餐具、文房四宝等12个系列上百个品种,产品远销海内外,荣获中国商品博览会金奖,并被第四次世界妇女大会指定为专用产品。

给自己一段闲暇，
畅游泰安，
享受自由自在。

Please take the time to visit Tai'an to enjoy
leisure and freedom.

9 / 第九章 Nine

私享

Private enjoyment

住在泰安

具人情温暖,方寸之间,回归本心,
这就是民宿给予的美好

民宿

汶口古镇乡奢艺术酒店
地址:泰安市岱岳区大汶口镇山西街村
乡奢艺术酒店
电话:0538-5077676

里峪村泰山人家铂思民宿
地址:泰安市岱岳区道朗镇里峪村
电话:010-65912012

芝峰民宿
地址:泰安市道朗镇朱家洼村
芝峰庄园园区
电话:0538-8373788

祝阳金泉山庄
地址:泰安市岱岳区祝阳镇金泉山庄
电话:0538-8990108 0538-8990088

泰美山居
地址:泰安市岱岳区天平办事处耿家庄村
电话:0538-8389088

酒店

泰山宝盛大酒店
地址：泰安市泰山区迎胜路 367 号
电话：0538-3018888

望岳宾馆
地址：泰安市泰山区泰山站广场西 168 米
电话：0538-6910497

东尊华美达大酒店
地址：泰安市泰山区迎胜东路 16 号
　　　（市政广场东北侧、天外村南侧）
电话：0538-8368888

泰安富力万达嘉华酒店
地址：泰安市岱岳区泰山大街 566 号
　　　万达广场 2 幢
电话：0538-8358888

开元国际大酒店（泰安高铁站店）
地址：泰安市岱岳区泰安高铁东路与
　　　灵山大街南 100 米路东
电话：0538-8847777

泰山天池温泉酒店
地址：泰安市泰山区碧霞大街 98 号
电话：0538-8989909

尊皇大酒店
地址：泰安市泰山区岱宗大街 210 号
电话：0538-6057777

小资就要小情调

名仕 88 酒吧
地址：泰安市泰山区温泉路北段宝龙城市广场
电话：0538-8889898

故事咖啡 The story
地址：泰安市万达金街 C 区 154 号（爱室丽家居对面）
电话：13375485505

Tina Coffee 缇娜咖啡馆
地址：泰安市泰山区红门路 39-13 号（科技大学西门对面）
电话：0538-6992212

彼时花开 COFFEE
地址：泰安市泰山大街万达广场金街北门西侧路南
电话：0538-8806626

名典咖啡语茶
地址：泰安市泰山区望岳西路万达广场金街建设银行南入口二楼
电话：0538-6302928

咖啡之翼
地址：泰安市泰山区中南财源门十二帝街商业楼 F1 层 66 号
电话：15905382299

璐娜咖啡吧
地址：泰安市泰山区银座城市广场D1-6号
电话：0538-6633352

格莱美音乐咖啡
地址：泰安市泰山区东岳大街中心银座内二楼南部
电话：0538-8288670

35号咖啡西餐厅
地址：泰安市泰山区岱宗大街66号（老农大南门东60米路南）
电话：0538-8883535

咖啡陪你（泰安·弗尔曼店）
地址：泰安市泰山区东岳大街与校场街交叉口东南角
电话：0538-8727788

烧货烧烤
地址：泰安市泰山区普照寺路南段路西锦华之星旁
电话：0538-8979789

羊掌柜烧烤
地址：泰安市温泉路海大广场内
电话：15253802485

宽窄巷子火锅店
地址：泰安市新城办事处南外环烧烤城内
电话：0538-6331022

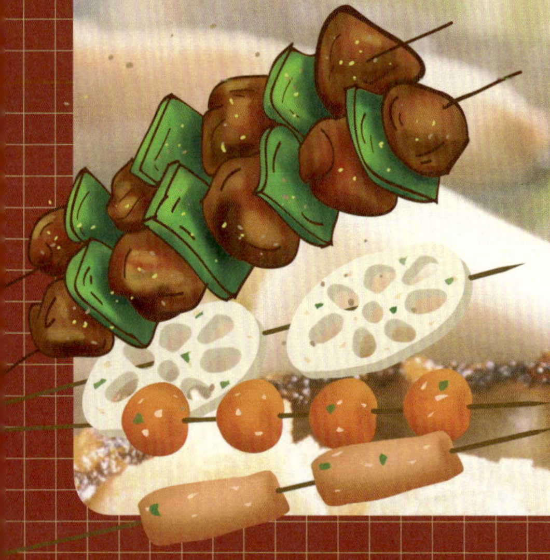

❦ 大龙火锅（宝龙店）
地址：泰安市温泉路海大烧烤广场院内
　　　（信合佳苑对面）
电话：0538-6119777

❦ 鼎晟火锅店
地址：泰安市泰山区北上高大街嘉德现代城南门东
　　　200米路南
电话：0538-8980008

❦ 王叶烧烤城
地址：泰安市新泰市东周路306号
电话：0538-7215618

❦ 小新海鲜烧烤
地址：泰安市龙潭路201号（梦泰山啤酒城内）
电话：13853800033

❦ 宝来顺烧烤
地址：泰安市泰山区岱宗大街东首云海美食城内
电话：13515389716

❦ 四季烧烤
地址：泰安市北天门大街咸思特药业西邻（凤凰
　　　烧烤美食园内）
电话：13275486602

❦ 龙湾码头老火锅（万达店）
地址：泰安市泰山区泰山大街万达广场室内步行
　　　街三层东段3051B
电话：0538-8783888

电影院

横店电影城（宝龙店）
地址：泰安市泰山区温泉路宝龙城市广场6号楼2层
电话：0538-8889588

先锋电影城
地址：泰安市泰山区东岳大街318号火车站银座六楼
电话：0538-8226607

圣大影城（东湖银座店）
地址：泰安市泰山区灵山大街东湖银座五楼
电话：0538-8909999

奥莱电影城
地址：泰安市泰山区泰山大街银座奥特莱斯四楼
电话：0538-6119898

@喵影咖
地址：泰安市泰山区泰山街校场街北段中国银行88米（协和医院）
电话：0538-8689899

龙泉国际影城
地址：泰安市宁阳海力大道1888号亿丰广场4楼
电话：0538-5177789

KTV

星悦KTV
地址：泰安市泰山区青年路48号三楼（原星光大道）
电话：0538-8888176

阿里巴巴
地址：泰安市泰山区青年路25号2楼
电话：0538-6312088

帕菲特KTV
地址：泰安市泰山区火车站东临财源门十二帝街3楼160号
电话：13562875345

雷石KTV（东岳店）
地址：泰安市泰山区东岳大街华泰广场（银座对面）
电话：0538-6265555

麦霸量贩式KTV
地址：泰安市泰山区东岳大街281号华泰广场中心银座对面
电话：0538-6363777

五星派对PARTYKTV
地址：泰安市东周路18号（华府新天地北门对过）
电话：0538-7259666

后记
Postscript

因为一本书,爱上一座城。

2015 年,山东第一本城市特色文化丛书《济南,杠赛来》一经面世就受到广泛赞誉,开启了我们书写山东各个城市的旅程。2019 年初,我们携手中共泰安市委宣传部,为泰安量身打造了又一本城市特色文化丛书——《登泰山 览天下》。

2018 年阳光灿烂的 8 月,我们整个主创团队来到山城泰安驻扎。天气炎热,但是依然挡不住我们探究泰安的欲望。一个多月的时间里,我们每天奔波在泰安的大街小巷,体会整座山城慢悠悠的气质和味道:在如同山水画的古村落里走过悠长的时光,去东平县一睹戴村坝的宏伟,到太阳部落景区体验 5000 年前的大汶口文化,也品尝过美味的泰山豆腐宴……

在烈日炎炎的夏日,我们的心情也始终火热,充满激情地探访泰安的每一处文化,刨根揭底,让它们成为我们书中优美的文字和精彩的图片。

"望得见山、看得见水、记得住乡愁"是一份美好的祈愿,如今,这幅画卷已在泰安徐徐展开。看山,泰山被称为山中帝王,统领群山,作为历代帝王封禅之地,上至君王,下至普通百姓,都对这座山峰深深憧憬;看水,城外湖泊碧波荡漾,城里溪水蜿蜒曲折,奈河飞流叠瀑、一步一景,望岳台、彩石瀑、幽篁台、绿悠岛等景观一个接一个；论空气，作为"中国森林氧吧"，它峰山叠翠、云涛波涌、峡谷千姿、幽谷百态；春赏百花、夏亲绿荫、秋观红叶、冬看松竹，四季美景四季歌，这是泰安市民惬意的日子，也是每个游客美好记忆中难忘的一景。越了解这座城市，越是着迷。

  成书不易，上下求索。在本书的创作过程中，我们得到了很多真诚的帮助。感谢山东省人民政府新闻办公室、中共泰安市委宣传部（泰安市人民政府新闻办公室）、中共泰山区委宣传部、中共岱岳区委宣传部、中共新泰市委宣传部、中共肥城市委宣传部、中共宁阳县委宣传部、中共东平县委宣传部等党政部门给予我们的充分肯定和大力支持，感谢袁明英先生、刘兴顺先生、刘传录先生、卢宏刚先生、王小刚先生等为我们提供的宝贵意见和稿件，你们的帮助，让这本书内容更加专业、丰富、有趣，让我们得以更加深入地了解泰安、书写泰安，也让我们结识了一群智慧、善良、热情的泰安人。

  泰山文化的传承，和古老而悠久的泰山历史一样层层积淀，在泰安演绎流变，成为征服天下游客的一个个奇珍异宝。我们带着最美好的初心，把这些奇珍异宝呈现在这本书中。我们坚信，如果你邂逅了《登泰山 览天下》，一定能感受到我们对这座城市共同的美好记忆。

图书在版编目（CIP）数据

登泰山　览天下 /《登泰山　览天下》编委会编著. -- 济南：山东友谊出版社，2019.6
 ISBN 978-7-5516-1894-6

Ⅰ.①登　Ⅱ.①登　Ⅲ.①旅游指南-泰安　Ⅳ.①K928.952.3

中国版本图书馆CIP数据核字(2019)第119111号

DENG TAISHAN　LAN TIANXIA
登泰山　览天下

主管单位：	山东出版传媒股份有限公司
出版发行：	山东友谊出版社
地　　址：	济南市英雄山路189号　邮编：250002
电　　话：	出版管理部（0531）82098756
	市场营销部（0531）82098035（传真）
印　　刷：	济南继东彩艺印刷有限公司
版　　次：	2019年7月第1版
印　　次：	2019年7月第1次印刷
规　　格：	140mm×170mm
开　　本：	1/32
印　　张：	9.5
字　　数：	300千字
定　　价：	58.00元

（如印装质量有问题，请与出版社出版管理部联系调换）